Selena Millar

MÉTODO DE ESPAÑOL PARA EXTRANJEROS
NIVEL SUPERIOR

Claves

© Selena Millares
Editorial Edinumen 1998
Piamonte, 7 - 28004 - Madrid
Tel. 91 308 22 55
Depósito Legal: M-34271-1998
I.S.B.N.: 84-85789-86-5
Maqueta y Diseño de edición:
Angilberto Hernández
Imprime: Gráficas Glodami

C^l_aves

Unidad 1

Situaciones

❶ *Ser un arma de doble filo*: ser peligroso porque puede dar resultados contrarios a los deseados.

Esa decisión puede ser un arma de doble filo; puede ayudar a solucionar el problema pero también puede agudizarlo.

Ser el cuento de nunca acabar: ser algo que nunca termina.

Las averías del coche son el cuento de nunca acabar; cuando le arreglan una cosa se le rompe otra.

Ser el pan nuestro de cada día: ocurrir constantemente algo no deseado.

En esta oficina las discusiones son el pan nuestro de cada día.

Ser más el ruido que las nueces: ser algo menos importante de lo que parece.

No creas que el problema es tan grave; es más el ruido que las nueces.

Ser el mismo demonio: ser alguien muy malo o travieso.

Este niño no para de romper cosas; es el mismo demonio.

Ser uña y carne: ser inseparables.

Se conocen desde la infancia y son uña y carne.

Ser pájaro de mal agüero: predecir sucesos negativos o funestos.

No seas pájaro de mal agüero; siempre estás pensando que sucederá lo peor.

Ser un cero a la izquierda: ser una persona a la que no se hace caso, que no es tenida en cuenta a la hora de tomar decisiones.

Nunca le preguntan su opinión, es un cero a la izquierda.

Ser de carne y hueso, no ser de piedra: ser sensible a lo que pasa.

No la trates así, que no es de piedra.

② *¡Cuando le da la vena artística es de temer!*: ser de + INFINITIVO , valor obligativo ('hay que temerlo').

No sabemos nada de él; es de imaginar que no ha vuelto aún de las vacaciones.

El accidente pudo ser en cualquier prueba; Más bien es al revés: ser con sentido de 'ocurrir'.

Las conferencias de los cursos son por la tarde.

El problema del paro es que hay...: ser + ORACIÓN.

Lo más lógico es que se haga una reelección.

O sea...: expresión usada para dar o ampliar una explicación.

Esto está listo; o sea, que nos podemos ir ya.

La sopa está muy fría: estar para expresar experiencias sensoriales.

El café está demasiado dulce.

6

❸ *Estar con cara de póquer*: 'estar serio o inexpresivo'.

Ha estado con cara de póquer durante toda la reunión; no sé qué estaría pensando.

Estar en el limbo : 'estar despistadísimo'.

Siempre estás en el limbo; no te enteras de lo que te digo.

Ser otra historia, ser harina de otro costal, ser otro cantar : 'ser algo muy diferente y no tener relación con lo que se está hablando'.

Yo ya sabía que había habido problemas, pero no sabía nada del robo; eso es harina de otro costal.

Ser coser y cantar: 'ser muy fácil'.

Usar este programa es coser y cantar.

Ser un tira y afloja: 'ser una situación muy tensa'.

Estos debates siempre son un tira y afloja, pero nadie cede y no se llega a ninguna conclusión.

④ *Estar a dos velas*: 'no tener dinero'.

A fin de mes todos estamos a dos velas.

Estar al cabo de la calle: 'estar bien informado de las últimas noticias'.

Todos los días lee la prensa; le gusta estar al cabo de la calle.

Estar al pie del cañón: 'luchar con constancia por algo'.

No importa que sea difícil; hay que estar al pie del cañón hasta conseguirlo.

Estar a las duras y a las maduras: 'aceptar la parte buena y la parte mala de las cosas'.

Ahora que el negocio va mal no te puedes echar atrás; hay que estar a las duras y a las maduras.

Estar con la soga al cuello: 'estar muy agobiado por un problema'.

Les quedan muchas letras por pagar y están con la soga al cuello.

Estar curado de espanto: 'no sorprenderse ya con nada'.

Me puedes contar cualquier cosa sobre ellos; estoy curado de espanto.

Estar de uñas: 'estar enfadado'.

Aunque son hermanos siempre están de uñas.

Estar de los nervios: 'estar extremadamente nervioso'.

Aún no sabemos si saldrá bien de la operación; estamos de los nervios.

Estar en los huesos, Ven. *estar hecho un violín*: 'estar muy delgado'.

Después del disgusto que le dieron no come nada y está en los huesos.

Estar en ascuas: 'estar muy impaciente a la espera de algo'.

Estamos en ascuas porque aún no sabemos los resultados del concurso.

Estar en la brecha: 'mantenerse en la lucha por un objetivo o ideal'.

Si quieres cambiar las cosas tienes que estar en la brecha.

Estar en Babia, la higuera, la inopia, la luna, las nubes, mirando a las musarañas: ' estar completamente despistado'.

¿Aún no te has enterado de que ha ganado nuestro equipo? ¡Estás en Babia!

Estar en el ajo: 'conocer algún asunto que se lleva secretamente o participar en él'.
Ella también estaba en el ajo; la han detenido como encubridora.

Estar en la gloria: 'estar muy feliz con algo'.
Desde que nos instalaron el aire acondicionado en el apartamento estamos en la gloria.

Estar entre la espada y la pared: 'estar atrapado en una situación muy difícil, sentirse forzado a tomar determinada decisión'.
El ministro no tuvo más remedio que dimitir; estaba entre la espada y la pared.

Estar hasta la coronilla, el moño, las narices, el gorro: 'estar harto de algo'.
Está hasta la coronilla de que siempre le echen la culpa a él.

Estar hecho una furia, estar ciego de ira, estar hecho un basilisco, Am. *estar hecho un chivo*, Ch. *estar hecho un quique*: 'estar furioso'.
Está hecho un basilisco porque le han robado dos veces en lo que va de semana.

Estar hecho una sopa: 'estar alguien completamente mojado'.
Ha comenzado a llover cuando venía hacia aquí y estoy hecho una sopa.

Estar roque, frito: 'estar completamente dormido'.
Ha pasado toda la noche de guardia en el hospital y ahora está roque; es mejor no despertarlo.

Estar todo patas arriba, Am. *ser todo un relajo*: 'estar todo completamente desordenado'.
Después de la fiesta tuvimos que pasar horas limpiando y ordenando porque estaba todo patas arriba.

Estar de bote en bote: 'estar un local completamente lleno de gente'.
Esa discoteca es muy famosa; siempre está de bote en bote.

Estar por los suelos, tirado: 'ser algo muy barato'; 'estar desvalorizado'.
Desde hace un año los créditos hipotecarios están por los suelos.

Estar por las nubes: 'ser algo muy caro'.
En verano las naranjas están por las nubes.

 1.1.

1. *ser.* cantidad total/*estar.* cantidad parcial.
2. *estar.* característica transitoria/*ser.* definición.
3. *ser* + sustantivos y equivalentes (adjetivos sustantivados u oraciones).

4. *estar* + participio *satisfecho.*
5. *estar en:* época/ *estar por los suelos:* expresión.
6. *ser de:* origen/ *estar:* localización física.
7. *estar* + adverbio *mal.*
8. *estar* + adjetivo *oculto.*
9. *ser para:* finalidad.
10. *estar a:* precio variable.
11. *estar:* localización física.
12. *estar* + participio que expresa estado anímico (*excitado*).
13. *ser:* 'ocurrir'.
14. *ser:* localización física;uso especial para señalar.
15. *estar* + adverbios (*bien, perfectamente*) / *ser previsible, ser aburrido:* caracterización.
16. *ser de:* materia.
17. *ser* + profesión/*estar de* + empleo eventual.
18. *ser:* definición/*estar:* sabor, experiencia sensorial.
19. *estar hecho:* haberse convertido en.
20. *ser de:* materia. Aquí es expresión metafórica.
21. *estar a* : temperatura; uso coloquial.
22. *estar, ser* + adjetivo *soltero:* ambos verbos son posibles; *estar* es más coloquial.
23. *estar:* localización física.
24. *ser:* localización física;uso especial para señalar.
25. *ser cancelado:* pasiva de agente, con *ser* .
26. *estar cancelado:* pasiva de estado, con *estar.*
27. *ser para* : destino.
28. *está explicado:* pasiva de estado.
29. *era repetida:* pasiva con *ser* en imperfecto; acción repetida.
30. *está cortada por la policía:* pasiva de estado con complemento agente que mantiene el resultado de la acción.
31. Los impresos *están* sellados desde ayer.
32. Los bombones *son* para ti, a ver si te animas un poco.
33. (Correcta).
34. *Estás* muy guapa hoy. ¿Vas a alguna fiesta?
35. El ejercicio *está* muy bien; merece un sobresaliente.
36. ¿A cuánto *están* las manzanas?
37. (Correcta).
38. Las obras de restauración de la catedral *están* ya terminadas.
39. (Correcta).
40. *Está* muy contento últimamente. Supongo que le van bien las cosas.

41. El concierto *será* en el salón de actos.
42. (Correcta).
43. (Correcta).
44. Los polizones *estaban* ocultos en un bote salvavidas.
45. Pronto *estaremos* de vacaciones.
46. La tarea *está* terminada. Ya podemos irnos a descansar.
47. (Correcta).
48. (Correcta).
49. La huelga ha *sido* desconvocada por los sindicatos.
50. (Correcta).
51. *Estamos* desolados desde que nos dieron la noticia.
52. (Correcta).
53. No deberías *estar* descalzo; te puedes enfriar.
54. *Están* muy inquietos ante la posibilidad de que el casero los desahucie.
55. Todas las fotos *están* ya pegadas en el álbum.
56. (Correcta).
57. (Correcta).
58. Sólo tiene treinta años pero aparenta cuarenta. *Está* muy envejecido.
59. (Correcta).
60. Esas goteras *son* el cuento de nunca acabar.

▥ 1.2.

1. es; 2. es; 3. está; 4. estar; 5. está; 6. es; 7. es; 8. es; 9. está; 10. está; 11. estás; 12. son; 13. está; 14. estamos; 15. es ; 16. están; 17. estaba; 18. es; 19. es; 20. estamos; 21. son; 22. es; 23. es; 24. estoy; 25. son; 26. es; 27. es; 28. estás; 29. era; 30. estáis.

▥ 1.3.

1. es; 2. estamos; 3. está; 4. estamos; 5. es/fuera; 6. está; 7. es; 8. están; 9. es, soy; 10. está; 11. es; 12. estoy; 13. soy; 14. estamos; 15. estás/estás ; 16. estás; 17. es; 18. está; 19. han estado; 20. está; 21. estoy; 22. están; 23. estar; 24. estás; 25. es; 26. ser/sería, habría sido; 27. está; 28. estoy; 29. fue, era, ha sido/fue, era, ha sido, sería; 30. sea/sea.
31. No es así como se hace. Pon más atención.

32. Ha sido a Maracaibo a donde han ido en viaje de trabajo.
33. Ha sido el fontanero quien ha venido, no el electricista.
34. Fue de madrugada cuando ocurrió el accidente.
35. Son los discos más recientes los que he traído.
36. Ha sido a las siete cuando te ha llegado el telegrama.
37. Han sido las cerezas las que se han estropeado por el calor, pero las naranjas están buenas.
38. Es en la terraza donde están las tijeras de podar.
39. Ha sido el profesor quien nos ha encargado esta tarea.
40. Fue la nueva biblioteca lo que inauguraron ayer.
41. Es un pájaro de mal agüero.
42. Está frito, roque.
43. Está en ascuas.
44. Estamos entre la espada y la pared.
45. Soy un cero a la izquierda.
46. Está de uñas.
47. Ser un arma de doble filo.
48. Está pensando en las musarañas, en la inopia, en Babia...
49. Estar al cabo de la calle.
50. Es el cuento de nunca acabar.
51. Está en el ajo.
52. Estamos hasta la coronilla.
53. Ahora estamos con la soga al cuello.
54. Se está en la gloria.
55. Estoy de los nervios.
56. Están por las nubes.
57. Estoy curado de espanto.
58. Es coser y cantar.
59. Estoy hecho una sopa.
60. Es más el ruido que las nueces.

Actividades

1. USOS DE *SER* Y *ESTAR*
la gente está cambiando: estar + GERUNDIO, acción en desarrollo.

11

será evolución, ser clones, calcos...: ser + SUSTANTIVO (no es posible *estar*).
es más guapa, es demoledor: definición.
está más triste, más apagada: estado.
está como ida, marchita, callada, ceñuda: estados anímicos; valor comparativo, uso coloquial.
será por la coyuntura: ser con valor de 'ocurrir'.
para serlo: ser + PRONOMBRE *lo* sustituyendo al atributo.
la cuestión es que estamos rodeados: ser + ORACIÓN; *estamos rodeados*: pasiva de estado.

MODELO DE DIÁLOGO
A: *Estoy pensando* en comprarme un coche nuevo.
B: *¿Es que* te ha tocado la quiniela?
A: No, pero *estoy hasta la coronilla* de tener averías constantemente.
.....

2. EXPRESIONES
Nunca invita ni siquiera a café. Es más agarrado que un pasamanos.
Acabas de cargarte el televisor. Eres más bruto que un arado.
Es capaz de dar hasta la camisa que lleva puesta; es más bueno que el pan.
Desde que hace pesas está más fuerte que un roble.
No te preocupes por él. Es más listo que el hambre y sabe arreglárselas solo.
Ese chaval es más malo que un dolor; no para de hacer diabluras.
Aunque es más pobre que las ratas, es muy generoso.
No le hagas caso. Es más raro que un perro verde.
Debería jubilarse ya; es más viejo que Matusalén.
Mi vecina está como una regadera. Se pasa el día hablando sola.
Desde que tiene novia está más contento que unas castañuelas.
Está como una seda; se ve que le van bien las cosas y está feliz.

3. COMPOSICIÓN
Los dos ancianos *son más viejos que Matusalén y están como cabras*; no se dan cuenta de que ya no son los jóvenes alocados de hace cuarenta años. *Son uña y carne*, lo comparten todo y llevan toda la vida juntos. *Están orgullosos* de su pasado, pero actualmente su vida es muy aburrida. *Están para que los*

12

encierren. Los sirvientes *están hasta la coronilla* de sus caprichos, que *son el cuento de nunca acabar,* pero ya *están curados de espanto,* y aunque *son más pobres que las ratas* siguen con ellos por cariño...

4.
USOS DE *SER* Y *ESTAR*

- *a perro flaco todo son pulgas* (modismo): parece que todos los problemas se concentran en los más débiles.
- *estar en contra:* oponerse.
- *es una modesta película la que...*: uso del relativo (*la que*) y *ser* para producir énfasis.
- *son de agradecer:* 'hay que agradecer', estructura con matiz de obligación.
- *están garantizadas:* pasiva de estado.

5.
GAZAPO

❏ En el español de Guatemala no se usa *vos* por tú .

LA PROPINA

✪ RESUMEN

El primer autor cree que la propina no debe ser considerada como una agresión, sino como un acto de solidaridad hacia los que tienen un salario precario sin ese suplemento. El segundo considera que la propina fomenta la explotación de los trabajadores por los patrones, que dan sueldos miserables con la excusa de que están compensados por aquélla.

✪ ETIMOLOGÍAS

- ⊃ hortera
- ⊃ morder el polvo
- ⊃ juanete
- ⊃ quemar las naves
- ⊃ bisoño
- ⊃ estraperlo
- ⊃ no hay tu tía
- ⊃ boicot
- ⊃ viva la Pepa
- ⊃ guiri

13

⚙ EUFEMISMOS

Un eufemismo es una expresión que designa de manera indirecta y sutil aquellas realidades que pueden resultar desagradables desde un punto de vista moral, político, social, etc.

MODELO:
Tercera edad por *vejez.*

⚙ HOMÓNIMOS

⊃ *baca*: sitio en la parte superior de los coches donde se colocan equipajes y otras cosas.
⊃ *vaca*: hembra del toro.
⊃ *barón*: título de nobleza.
⊃ *varón*: criatura racional del sexo masculino.
⊃ *basto*: tosco, grosero.
⊃ *vasto*: espacioso, muy extendido.
⊃ *bate*: palo que se usa en el juego de béisbol.
⊃ *vate*: poeta.
⊃ *bello*: hermoso.
⊃ *vello*: pelo fino que sale en diversas partes del cuerpo humano.
⊃ *bobina*: carrete.
⊃ *bovino/a*: relativo al ganado vacuno.
⊃ *bota*: calzado; forma del verbo *botar*, 'saltar, dar botes'.
⊃ *vota*: forma del verbo *votar*, 'dar un dictamen u opinión sobre algo'.

⟳ ⟳ **LITERATURA** ⟳ ⟳ ⟳ ⟳ ⟳ ⟳ ⟳ ⟳ ⟳⟳ ⟳ ⟳ ⟳ ⟳ ⟳ ⟳ ⟳ ⟳ ⟳

🖎 USOS DE *SER Y ESTAR*

• *tú eres hombre, son cuentos tristes, no es verdad, eres un niño, el alma es aire y humo y seda, la sombra toda es tuya*: ser + SUSTANTIVO O PRONOMBRE; no se puede usar *estar*.
• *la mar está cerca de ti*: estar para localización física; no se puede usar *ser*.
• *un niño que está serio, un niño que está triste*: se puede sustituir *estar* por

ser para expresar que esa cualidad define al sujeto.

• *será que ha caído al mar*: *ser* como 'ocurrir', no sustituible.
• *la noche está desnuda*: el adjetivo *desnudo* nunca se usa con *ser*.
• *la gaviota está esperando*: *estar* + GERUNDIO; no intercambiable.

⟐ EXPRESIONES METAFÓRICAS
• las gotas de rocío sobre los árboles se asemejan a las estrellas.
• se habla de *la* mar, con un tono afectivo, y se la relaciona con un animal que juguetea entre las piernas del protagonista.

⟐ PREFIJOS
• *ante* : anteponer, antesala.
• *bi(s)*: bisabuelo, bimembre.
• *equi*: equidistancia, equivaler.
• *infra*: inframundo, infravalorar.
• *inter*: internacional, interponer.
• *intra* : introducir, introspección.
• *multi*: multicolor, multinacional.
• *omni*: omnisciente, omnívoro.
• *pre*: preposición, prevenir.
• *retro*: retroceder, retrovisor.
• *tra(n)s*: transatlántico, transportar.
• *ultra*: ultratumba, ultrasonido.

CIENCIA Y FUTURO

☞ *(b) Fue un fascinante futurible de la época la máquina que preparaba ricos menús.*

☞ *(a) La biotecnología ha conseguido hacer el maíz resistente a las heladas al insertarle el gen de un pez.*

☞ *(a) Ante el debate de los principales líderes políticos en televisión, los espectadores se interesaban sólo por su imagen.*

☞ *(b) La biotecnología materializa los sueños de la fantasía.*

15

C^l_aves

2

Unidad

Situaciones

❶ *Búscate* es más coloquial que *busca*; el pronombre *te* puede eliminarse sin producir un cambio esencial en el significado. Su uso es enfático.

② Usamos el dativo *me* para evitar el posesivo *mi*, que en español no se suele usar ante partes del cuerpo u objetos personales.

❸ En las oraciones impersonales con *se* que presentan el complemento directo *lo*, éste suele ser sustituido por *le* para evitar ambigüedad y que se pueda confundir con una oración reflexiva.

④ *Ahogarse en un vaso de agua*: preocuparse por algo insignificante.
> *Es muy derrotista; siempre se ahoga en un vaso de agua.*

Andarse por las ramas: no tratar sobre la parte sustancial de un asunto.
> *Ese profesor se anda por las ramas cada vez que quiere explicar algo.*

Armarse una marimorena: producirse un gran alboroto.
> *Cuando llegó la policía se armó una marimorena.*

Caerse la cara de vergüenza: sentir una vergüenza enorme.
> *Se le cayó la cara de vergüenza cuando la descubrieron robando.*

Caerse la baba: sentir gran cariño o debilidad por algo o alguien.
> *Se le cae la baba cada vez que habla de sus dos hijos.*

Creerse la mamá de los pollitos (Am.): creerse muy importante.
> *Tiene aires de grandeza y se cree la mamá de los pollitos.*

Curarse en salud: prevenir algo malo que pueda ocurrir.
> *Llevaremos el coche a revisión porque está fallando últimamente; hay que curarse en salud.*

Darse con un canto en los dientes: conformarse con algo aunque no sea mucho, pues podría haber sido peor.
> *Si te han congelado el sueldo deberías darte con un canto en los dientes; hay mucha gente que ha perdido el empleo.*

Hacerse la boca agua: pensar con deleite en algún manjar.
> *Se me hace la boca agua cuando pienso en los turrones de Navidad.*

Irse el santo al cielo: olvidarse de lo que se iba a decir.
> *Siempre se me va el santo al cielo cuando me interrumpen lo que estoy diciendo.*

Mantenerse en sus trece: negarse a cambiar de opinión.
> *Es muy obstinado; aunque intentes convencerlo de que está equivocado siempre se mantiene en sus trece.*

18

Meterse en camisa de once varas: meterse en algo complicado sin deber hacerlo.
> *No puedo aceptar más trabajo, ya tengo bastante. Eso sería meterme en camisa de once varas.*

Meterse entre las patas de los caballos (Am.): meterse en un buen lío.
> *No vayas a esa cita si no quieres meterte entre las patas de los caballos.*

No chuparse el dedo: no ser tan ingenuo como puede parecer.
> *Todos piensan que se chupa el dedo e intentan aprovecharse de él.*

Partirse el corazón: sentir mucha pena por algo.
> *Se me parte el corazón de verte tan deprimido.*

Pasarse de la raya: excederse, extralimitarse.
> *Ya te han concedido bastante; pedir más sería pasarse de la raya.*

Ponerse a tono: animarse tomando unas copas.
> *Siempre se pone a tono cuando pasa de la tercera cerveza.*

Quedarse en agua de borrajas: no salir bien algo que se esperaba o se había planeado.
> *Pensábamos ir a Sigüenza pero todo se quedó en agua de borrajas.*

Quedarse corto: decir mucho y, a pesar de ello, no decirlo todo.
> *Creo que han tenido diez millones de pérdidas en el último año, y aún me quedo corto.*

Rascarse el bolsillo: gastar dinero cuando no se quiere o cuando se tiene poco.
> *Después de las vacaciones de verano hay que rascarse el bolsillo.*

Rascarse la barriga: dedicarse a no hacer nada.
> *Se pasa la vida rascándose la barriga; es muy perezoso.*

Salirse con la suya: conseguir lo que se quiere.
> *No sé cómo lo hace pero siempre se sale con la suya.*

Salirse por la tangente: cambiar de tema para evitar hablar de lo que no se quiere.
> *No te salgas por la tangente; quiero que me digas exactamente lo que quieres.*

❺ Se trata del pronombre *vos*, que se usa en lugar de *tú* en ciertas zonas de América: Uruguay, Paraguay, Argentina, Centroamérica y Chile, pero en este último sólo como forma vulgar no generalizada. La forma verbal correspondiente también varía: *vos decís / tú dices*.

 2.1.

1. Se evita la ambigüedad: él, ella, usted *deseaba*.
2. Complemento directo adelantado y pronombre de refuerzo obligatorio (*lo*).
3. *Lo* sustituye a una frase completa.

4. *Con + yo = conmigo.*
5. *Nos*: complemento indirecto.
6. *Nos* : complemento directo.
7. *A* + pronombre tónico: exige refuerzo del correspondiente átono.
8. Orden : CI + CD.
9. Ante CD de tercera persona, *le* se transforma en *se.*
10. Pronombre de refuerzo *les* opcional (*a las secretarias*).
11. *Ello*: equivale a un demostrativo y su uso es formal.
12. Uso de *vos* por *tú*, en ciertos países americanos.
13. CI adelantado, pronombre de refuerzo obligatorio (*le*).
14. VERBO + INFINITIVO; dos posibilidades del pronombre: *lo quiero pensar, quiero pensarlo.*
15. Estructura frecuente para respuestas: *sí/no + lo +* VERBO.

16. *Se me* ha olvidado todo lo que estudié anoche.
17. (Correcta).
18. *Le* dije todo lo que pensaba sobre su decisión.
19. A Luis *lo* vimos en la verbena del sábado.
20. (Correcta).
21. Todos estaban de acuerdo, excepto *yo*.
22. A ella *la* saludamos cuando nos la encontramos en el teatro.
23. No *la* quisiera despertar/ No quisiera despertar*la* .
24. Por favor, ¿*podría decirnos/nos podría decir* cómo se va a la Alameda?
25. No *me lo* digas si no estás seguro.
26. Eso se demuestra haciéndo*lo.*
27. (Correcta).
28. Yo a usted no *le* consiento que me diga eso.
29. A Ana *le* di la noticia en cuanto me fue posible.
30. Siénten*se* inmediatamente.

🖉 2.2.

1. *te*: incoativo; *me*; dativo ético.
2. *se*: involuntariedad; *te*: posesión.
3. *se*: reflexivo.
4. *se*: involuntariedad; *se*: incoativo.

20

5. *me*: enfático.
6. *te*: expletivo, *te*: CI.
7. *nos* : verbo pronominal, *arrepentirse*.
8. *os*: expletivo.
9. *te*: enfático; en realidad, el uso de *reír* sin pronombre es poco frecuente; *se*: verbo pronominal, *angustiarse*.
10. *te*: verbo pronominal, *deprimirse*; *me*: dativo ético.
11. *se*: recíproco en ambos casos.
12. *se*: reflexivo; *se*: diferente significado (*acordar/acordarse*).
13. *te*: incoativo;*nos*: CI.
14. *te*: verbo pronominal, *enterarse*.
15. *me*: verbo pronominal, *abstenerse*.

16. me temo; 17. me queda; 18. quédese; 19. te fumas; 20. me conozco; 21. te gastas; 22. te bebes/ te encontrarás; 23. leerse; 24. te crees; 25. te lo pienses/ decídete; 26.me niego; 27. niego; 28. marcharte; 29.te has aprendido; 30. nos hemos tomado; 31. se murió; 32. nos imaginamos; 33. te vienes/jugaremos; 34. se sabe; 35. te tragues, beberte; 36.vente; 37. he pasado/me he constipado; 38. me he hecho/creo; 39. acordaron; 40. se enamora; 41. hemos fijado, fijaremos; 42. estáte; 43. pasar; 44. pasarte; 45. fían/se fían.

✏️ 2.3.

1. A ver si nos callamos de una vez. No puede uno concentrarse.
2. Se espera que la guerra termine pronto.
3. Esto no se les hace a los amigos, caramba.
4. Cuando estás de vacaciones te olvidas de todos los problemas. Es maravilloso.
5. Se agradece que se acuerden de uno en ciertas ocasiones.
6. Hay quien no está de acuerdo con las nuevas normas de tráfico.
7. Todo el mundo considera urgente la solución de los problemas del medio ambiente.
8. Se alquila habitación con mucha luz.
9. La gente se anima al beber un par de copas.
10. Creemos que el arte figurativo murió con el nacimiento de la fotografía.
11. No se debe ser intransigente.
12. Dicen que al fin se ha terminado la sequía.
13. Se necesita secretario/a con conocimientos de informática.
14. Se habla francés e inglés.
15. Se encontró a los secuestradores antes de lo previsto.

21

16. Pasiva refleja; sujeto: cosa.
17. Complemento indirecto, singular.
18. Complemento indirecto, plural.
19. Impersonal.
20. Reflexivo.
21. Verbo pronominal opcionalmente (existen usos no pronominales, no posibles aquí).
22. Cambio de significado: *portar/portarse*.
23. Énfasis.
24. Incoativo.
25. Verbo pronominal obligatoriamente.
26. Involuntariedad.
27. Involuntariedad.
28. Imperativo.
29. *Se supone =yo supongo*.
30. Pasiva refleja de sujeto personal indefinido.

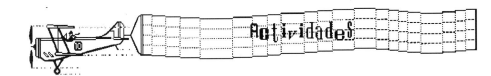

1. MODELO
Se ha afirmado en el último congreso médico que dentro de dos décadas ya se podrán curar todos los casos de cáncer.

2. GAZAPO
El español de la zona del Caribe (Cuba, República Dominicana, Puerto Rico) pronuncia con énfasis la -s final.

3. USOS DE SE
• *Se recuerda, se advierte, se sugiere, se exhorta, se suplica, se aconseja, se conmina*: *se* impersonal.
• *Se vuelvan* : *se* incoativo.

- *Se la traigan, se la lleven*: *se* complemento indirecto.
- *Se arrojen*: uso pronominal opcional.

EXPRESIONES DESPECTIVAS

zopencos, estultos, zoquetes, tragaldabas, mentecatos, botarates, malnacidos, mamacallos, berzas; otras: *tonto, estúpido...*

4. Uso de *vos* por *tú*; *uno* para referirse a *yo* con un matiz de indeterminación; *le*, CI con valor posesivo.

5. ETIMOLOGIAS

aquelarre	➤	vasco
tungsteno	➤	sueco
cábala	➤	hebreo
ñandú	➤	guaraní
aduana	➤	árabe
chicle	➤	náhuatl
aguacate	➤	azteca
mejillón	➤	portugués
ágape	➤	griego
arlequín	➤	italiano
maíz	➤	taíno
regalar	➤	francés
té	➤	chino
tabú	➤	inglés
vals	➤	alemán

LOS DERECHOS DE LOS CONSUMIDORES

✪ EXPRESIONES

➲ *Pero haberlas haylas*: se suele decir que no se cree en brujas *pero haberlas haylas*, es decir, no se reconoce que se es supersticioso.

➲ *Poner verde*: criticar, insultar.

⊃ *Chafar sus pinitos vacacionales*: estropear sus planes amorosos para las vacaciones.
⊃ *Vérselas con alguien*: tener que enfrentarse y discutir con alguien.
⊃ *Una sevillana de pro*: una sevillana muy orgullosa de serlo.
⊃ *Enrollarse con alguien*: tener una aventura amorosa con alguien.
⊃ *Se abrió una cervecita*: coloquial por *abrió una cerveza*.
⊃ *El ordenador se fastidió*: el ordenador se estropeó.
⊃ *Machacar al ex marido*: molestar insistentemente al ex marido.

❂ LAÍSMO
Habían apagado la luz para mirarla el fondo de ojo presenta un caso de laísmo, es decir, uso de *la* (pronombre de complemento directo) por *le* (pronombre de complemento indirecto) por referirse éste a una mujer.

❂ USOS COLOQUIALES
Podían ser un poquito más amables, ¿no?

∝ ∝ **LITERATURA**  ∝ ∝ ∝ ∝ ∝ ∝ ∝ ∝ ∝∝ ∝ ∝ ∝ ∝ ∝ ∝ ∝ ∝ ∝

⇜ En la historia original, el protagonista, que ha sido revolucionario y luego se ha visto obligado a trabajar para la policía a fin de poder salvar su vida, obsesionado por la situación cree que lo persiguen y comienza su huida; esto hace que sospechen de él y lo persigan realmente hasta matarlo.

⇜ *Se le acercaron* : verbo pronominal; *le*: dativo de dirección.
Se tiraba al suelo : verbo pronominal.
No se explicaba : pasiva refleja.
Se expusiera : reflexivo.
Lo siguieron: complemento directo.
Acercarse, detenerse: verbos pronominales.
Lo tenían: complemento directo.
Se fueron acercando, detenerse, se fueron aproximando, se detuvo: verbos pronominales.

Las voces distintas se hicieron un solo murmullo: cambio de significado *(hacer/hacerse)*

Su cabeza se inclinó, se dobló, se derrumbó, los tres autos se pararon, varios hombres armados se tiraron, el chofer se desplomó: verbos pronominales.

Luego se miraron unos a otros asombrados: recíproco.

Se inclinó: verbo pronominal.

Le enfocó la lámpara: dativo de dirección.

Lo miró: complemento directo.

Se quedó pensando, se habían quedado callados: cambio de significado *(quedar/quedarse)*

"¿Lo conoce alguno?"Nadie lo conocía: complemento directo.

Se sacó el cuerpo; se le condujo al interior: pasiva refleja.

Podían distinguirse bien sus facciones: pasiva refleja.

Lo hubiese conocido, lo reconocería, nadie lo reconocía: complemento directo.

Se llamó al primero que había disparado: impersonal.

Contra él: pronombre tónico tras preposición.

¿Qué viste tú ahí dentro?: pronombre sujeto enfático, no necesario.

Se escondió: verbo pronominal.

Lo seguí: complemento directo.

Él allá abajo, contestó a los tiros: pronombre sujeto.

Se buscó: impersonal.

Alguien lo había hecho: complemento directo.

Se abrió paso: complemento indirecto.

Se quedó mirando: cambio de significado *(quedar/quedarse)*

Se mesaba los caídos bigotes: reflexivo.

Yo lo recuerdo: complemento directo.

Cómo se llama: cambio de significado *(llamar/llamarse)*.

Lo he visto traer, golpearlo: complemento directo.

Le dieron golpes de todos colores: complemento indirecto.

Hacerlo hablar: complemento directo.

Se abrió de nuevo paso: complemento indirecto.

   ◆   *Lo siguieron, lo reconocía...* : la forma pronominal que aquí encontramos es la más correcta pero la Academia también admite como complemento directo de persona masculina singular la forma *le*.

   ◆   Se dice *se le condujo* y no *se lo condujo* para evitar ambigüedad. (V. p. 18, situación 3).

25

- En la primera frase, *le* es complemento directo, por *lo*; en la segunda, *le* funciona como dativo de dirección (=se acercaron a él).

- *Si es uno de los suyos...*: es afirmación enfática con valor adversativo(=pero); ejemplo:

  ¿Me culpas a mí?¡ Pero si yo no he hecho nada!

- Coche; conductor.

PREJUICIOS

- *(b) Según encuestas recientes el 56% de los empresarios norteamericanos daría trabajo a personas gordas.*
- *(c) Los* gordistas *argumentan que en las grasas se nota la pasividad de las personas.*
- *(c) Una* tontuna *es una tontería.*
- *(b) La autora llama* gordismo *a la discriminación de los obesos.*

26

Claves

Unidad 3

Situaciones

❶ • *¿Sabrán los estudiantes...?; ¿Les dirá algo el nombre de la escultora?; ¡Qué habré hecho yo....!* : en estas preguntas y exclamaciones el hablante se cuestiona aquello de lo que está tratando, con un matiz de incertidumbre.

   • *Me estaré haciendo vieja*: probabilidad (=*probablemente me estoy haciendo vieja*).

   • *No matarás*: mandato.

② Se trata del futuro con valor de sorpresa en el presente.

❸ • *El matrimonio que se habría instalado en El Idilio se traslada hasta plena selva*: este uso del condicional compuesto en lugar del pretérito pluscuamperfecto es frecuente en el periodismo y no se considera correcto.

   • *Se sentían perdidos, los mosquitos atacaban, ...hasta que la salvación les vino*: acciones continuas (pretérito imperfecto) interrumpidas por una acción puntual (pretérito indefinido).

   • *Su integración es mayor... regresará a El Idilio ... donde se instalará como cazador... allí conocerá... le suministrará ... le permitirán...* : presente histórico para agilizar la narración, y su correspondiente *futuro histórico*, es decir, el futuro simple usado para expresar el futuro del pasado, en lugar del condicional.

   • *Era un animal soberbio...*: imperfecto; descripción.

   • *La acarició ... y lloró avergonzado*: indefinido para acciones terminadas.

④ • *Con Aeroflot ya habría llegado*: hipótesis no realizada en el pasado.

   • *Podría tener uno; me haría más feliz*: hipótesis en el presente o futuro.

 3.1.

1. Actual.
2. Presente histórico.
3. Atemporal.
4. Atemporal.
5. Presente histórico.
6. Habitual.
7. Futuro.
8. Lo pasado que continúa en el presente.
9. Futuro.

10. Actual, lo que está ocurriendo en el momento en que se habla; equivalente a *estar*+ GERUNDIO.
11. Habitual.
12. Mandato.
13. Actual, lo que está ocurriendo en el momento en que se habla.
14. Mandato.
15. Presente histórico para contar un relato.

3.2.

1. habían encontrado/ habían dejado; 2. iba; 3. hicimos/consideramos; 4. podías; 5. vi/ salía/ entraba; 6. solicité; 7. me comentaron/iban; 8. era; 9. íbamos/ nos fuimos; 10. podía/he conseguido; 11. les encantaba; 12. era/te mataba; 13. estabas/ podías; 14. pensaba/ era/decidió; 15. era/ lloraba; 16. debíamos; 17. he barnizado/ se ha secado; 18. debías; 19. han contestado; 20. habéis regado; 21. llegó/ se dirigió/ tomó / salía; 22. estabas; 23. sabías/ habían abierto; 24. había oído; 25. había salido/ era/ viajaba/ podía/estaba; 26. recibieron/ llamaron; 27. callaba; 28. terminó/ abandonaron; 29. ha sido; 30. era/ se hizo/ se convirtió.

31. Todavía no nos has mostrado las fotos de tu último viaje.
32. Nos enteramos ayer de que la compañía había quebrado.
33. (Correcta).
34. Este año hemos hecho muchos proyectos nuevos.
35. Pensó que el tren había llegado ya.
36. El domingo pasado fui a visitar a unos parientes que no veía desde hacía años.
37. (Correcta).
38. Ya sé que cuando eras joven conseguiste la copa del mundo.
39. Estaba preocupada porque no la habían llamado/llamaban para volverla a contratar.
40. (Correcta).
41. Se fueron a dormir porque estaban muy cansados.
42. Como estaba enfermo, llamó al médico, que llegó muy pronto.
43. Me enteré de que el director había tenido un accidente de tráfico.
44. Mientras bebía el café con leche sonó el teléfono tres veces.
45. (Es correcta, pero sería más usual *en cuanto desayuné...*, con pretérito indefinido en lugar de pretérito anterior).

46. ¿Considerabas necesario cambiar el aceite al coche?
47. No podían creer lo que estaban viendo.

29

48. Dijo que aún no había terminado, pero que terminaba en un par de minutos.
49. Acabábamos de enterarnos de que habían cerrado nuestro cine favorito.
50. Creía que era una persona muy responsable aunque muchos opinaban lo contrario.
51. Nunca veía películas violentas; le producían pesadillas.
52. ¿Querías saber lo que había pasado?
53. Había que tener mucho cuidado para no ofenderlo; era un chico muy susceptible.
54. Todos pensaban que tenía mucho talento para la música.
55. Estaban ocurriendo cosas muy extrañas en aquella casa.
56. Cada invierno ascendían los niveles de contaminación a causa de la calefacción.
57. Siempre nos encontrábamos en la cafetería.
58. La película trataba de una chica drogadicta que quería rehacer su vida.
59. Era una casa preciosa; tenía una terraza y un jardín inmensos.
60. Dijo que nunca había visto una casa tan bonita como aquélla.

✐ 3.3.

1. Futuro simple: acción posterior al momento en que se habla.
2. Condicional simple: modestia.
3. Futuro simple: incertidumbre.
4. Condicional simple: valor concesivo.
5. Futuro perfecto: incertidumbre.
6. Condicional compuesto: hipótesis pasada, ya imposible.
7. Futuro (pasivo) con valor de posterioridad en relación con un presente histórico.
8. Condicional simple: probabilidad en el pasado.
9. Condicional simple: hipótesis.
10. Condicional simple: futuro del pasado.
11. Condicional simple: cortesía.
12. Futuro perfecto: antefuturo.
13. Condicional compuesto: rumor.
14. Futuro perfecto: incertidumbre.
15. Futuro perfecto: probabilidad.

16. ¿Habrán oído nuestra conversación?
17. ¿Será demasiado tarde para llamarla por teléfono?

18. Será un caballero, pero no lo parece.
19. Lo harás ahora mismo.
20. Sería muy difícil conseguirlo, pero él lo logró.
21. Habría comprendido toda la explicación, porque no hizo ninguna pregunta.
22. ¿Por qué no habrá venido? ¿Habrá olvidado la cita que teníamos?
23. ¿Habrán aceptado mi propuesta?
24. ¿Estarán diciendo la verdad?
25. Pesará cincuenta kilos.
26. Llegarían a las dos de la mañana.
27. Tendrá sus defectos, pero es un ser adorable.
28. Cuando llegamos ya no estaban. Se habrían cansado de esperar.
29. ¿Qué edad tendría aquella mujer?
30. Se habría enfadado mucho, pero nadie lo notó.

31. habré preparado; 32. te apetecería; 33. serán; 34. juraría; 35. empezarán a aplicar, habrán empezado a aplicar; 36. podría; 37. asistirás; 38. te prestaría; 39. me habrán concedido; 40. tendrás; 41. nos habría gustado; 42. te irás; 43. se habrá perdido; 44. le habrá pasado; 45. habrá servido; 46. habrías terminado; 47. parecerá; 48. será; 49. iría; 50. no habrá asistido; 51. sería; 52. nos encantaría; 53. ocurriría, habría ocurrido; 54. harían; 55. haremos; 56. será; 57. mediría; 58. será; 59. me negaría, me habría negado; 60. terminará.

1. MODELO

El lado oscuro del corazón. Oliverio era un poeta fracasado que sobrevivía escribiendo guiones de segunda fila y poemas que vendía a los amigos. Había pasado su vida intentando editar sus mejores obras pero nunca había tenido suerte. Solía vagar por la ciudad en busca de sueños imposibles y quimeras perdidas...

2. MODELO

¿Me ayudas a preparar la ensalada?
Si no tuviera tanta prisa me quedaría a ayudarte; otra vez será.

3. MODELO

¿Dónde estarán mis llaves? Siempre las pierdo.
Estarán en la mesa del vestíbulo. Sueles dejarlas allí.

4. GAZAPO

El español de México no pronuncia la s al final de la palabra.

5. DICHOS

❑ Perro ladrador...	...poco mordedor.
❑ Ojos que no ven...	...corazón que no siente.
❑ Más vale malo conocido...	...que bueno por conocer.
❑ Dime con quién andas...	...y te diré quién eres.
❑ Cría cuervos...	...y te comerán los ojos.
❑ Dime de qué presumes...	...y te diré de qué careces.
❑ No dejes para mañana...	...lo que puedas hacer hoy.
❑ A buen entendedor...	...con pocas palabras le basta.
❑ Más vale pájaro en mano...	...que ciento volando.
❑ Ojo por ojo...	...diente por diente.
❑ Mal de muchos...	...consuelo de tontos.
❑ Cuando el río suena...	...agua lleva.
❑ Del dicho al hecho...	...va un buen trecho.
❑ A palabras necias...	...oídos sordos.
❑ *Am.* A boca de borracho...	...oídos de cantinero.
❑ De tal palo...	...tal astilla.
❑ *Am.* Cual el cuervo...	...tal su huevo.
❑ *Méx.* De tal jarro...	...tal tepalcate (1).

(1)*Tepalcate*: *Méx.* 'pedazo de cualquier vasija de barro'

6. EXPRESIONES

Nadar y guardar la ropa: actuar con precaución para obtener beneficios sin comprometerse o arriesgarse.
Tirar la toalla: rendirse.
Estar a flor de piel: muy sensible (normalmente, los nervios).
Lavar los trapos sucios en casa: tratar privadamente los asuntos sucios.

Curarse en salud: prevenirse contra posibles objeciones o percances.
Ir al grano: tratar un asunto directamente, sin rodeos.
Atar cabos sueltos: relacionar datos de distinto origen a fin de aclarar o descubrir algo.
Mucho ruido y pocas nueces: tener un asunto menos importancia de la que aparenta.
Ojo al dato: atención al dato.
(Irse) con la música a otra parte: irse a molestar a otro lugar.

TELENOVELAS

❋ HIPÓTESIS
  1. Si la trama se representase en un gráfico, no sería lineal, sino similar a una culebra.
  2. La llamada de atención con que finaliza cada capítulo es comparable a una picadura de curiosidad, a la picadura de una culebra.
  3. Ambas -culebra y telenovela- se caracterizan por su gran longitud.

❋ Se comenzaron a emitir porque se necesitaban programas de bajo coste que rellenasen las horas matinales, de menor audiencia.

❋ Se cree que el éxito de los culebrones se debe a que apelan a los sentimientos, de modo que el espectador se puede sentir identificado con ellos, especialmente las amas de casa mayores de treinta años, que configuran el público prototípico de este tipo de programas.

❋ EXPRESIONES
  ⊃ *solución golosa*: solución apetecible, en este caso por su economía.
  ⊃ *temática llorona*: temática que hace llorar al espectador.
  ⊃ *franja horaria*: espacio de tiempo.

LITERATURA

◦◦ VERBOS

Dio una vuelta alrededor del patio, y otra, y otra. **Empezaron** a transcurrir lentamente los minutos, muy lentamente; nunca **habían transcurrido** tan lentos los sesenta minutos de una hora. Al principio, el padre Espinoza **estaba** tranquilo. No sucedería nada. Pasado el tiempo que el hombre fijara como plazo, él abriría la puerta y lo encontraría tal como lo dejara. No tendría en sus manos ni la rosa pedida ni nada que se le pareciera. Pretendería disculparse con algún pretexto fútil, y él, entonces, le largaría un breve discurso, y el asunto terminaría ahí. **Estaba** seguro. Pero, mientras **paseaba**, **se le ocurrió** preguntarse:

-¿Qué estará haciendo?

La pregunta lo **sobresaltó**. Algo estaría haciendo el hombre, algo intentaría. Pero, ¿qué? La inquietud **aumentó**. ¿Y si el hombre lo hubiera engañado y fueran otras sus intenciones? **Interrumpió** su paseo y durante un momento **procuró** sacar algo en limpio, recordando al hombre y sus palabras.¿Si se tratara de un loco? Los ojos ardientes y brillantes de aquel hombre, su desenfado un sí es no es inconsciente, sus propósitos...

Atravesó lentamente el patio y **paseó** a lo largo del corredor en que **estaba** su celda. **Pasó** varias veces delante de aquella puerta cerrada. ¿Qué estaría haciendo el hombre? En una de sus pasadas **se detuvo** ante la puerta. No se **oía** nada, ni voces, ni pasos, ningún ruido. **Se acercó** a la puerta y **pegó** su oído a la cerradura. El mismo silencio. **Prosiguió** sus paseos, pero poco a poco su inquietud y su sobresalto **aumentaban**. Sus paseos **se fueron acortando** y, al final, apenas **llegaban** a cinco o seis pasos de distancia de la puerta. Por fin, **se inmovilizó** ante ella. **Se sentía** incapaz de alejarse de allí. **Era** necesario que esa tensión nerviosa terminara pronto. Si el hombre no **hablaba**, ni **se quejaba**, ni **andaba**, era señal de que no **hacía** nada y no haciendo nada, nada conseguiría. **Se decidió** a abrir antes de la hora estipulada. Sorprendería al hombre y su triunfo sería completo. Miró su reloj: **faltaban** aún veinticinco minutos para las cuatro y media. Antes de abrir **pegó** nuevamente su oído a la cerradura: ni un rumor. **Buscó** la llave en sus bolsillos y colocándola en la cerradura la **hizo** girar sin ruido. La puerta **se abrió** silenciosamente.

Miró el fraile Espinoza hacia adentro y **vio** que el hombre no **estaba** sentado ni **estaba** de pie: **estaba** extendido sobre la mesa, con los pies hacia la puerta, inmóvil.

Esa actitud inesperada lo **sorprendió**. ¿Qué haría el hombre en aquella posición? **Avanzó** un paso, mirando con curiosidad y temor el cuerpo extendido sobre la mesa. Ni un movimiento. Seguramente su presencia no habría sido advertida; tal vez el hombre **dormía**; quizá **estaba** muerto... **Avanzó** otro paso y entonces **vio** algo que lo **dejó** tan inmóvil como aquel cuerpo. El hombre no **tenía** cabeza.

Cerró la puerta con llave y **se alejó**. Durante los diez minutos siguientes el religioso **se paseó** nerviosamente a lo largo del corredor, intranquilo, sobresaltado; no **quería** dar cuenta a nadie de lo sucedido; esperaría los diez minutos y, transcurridos éstos, entraría de nuevo a la celda y si el hombre **permanecía** en el mismo estado comunicaría a los demás religiosos lo sucedido.

¿Estaría él soñando o se encontraría bajo el influjo de una alucinación o de una poderosa sugestión? No, no lo **estaba**. Lo que **había acontecido** hasta ese momento **era** sencillo: un hombre **se había suicidado** de una manera misteriosa... Sí, ¿pero dónde **estaba** la cabeza del individuo? Esta pregunta lo **desconcertó**. ¿Y por qué no **había** manchas de sangre? **Prefirió** no pensar más en ello; después se aclararía todo.

Cuando el fraile Espinoza **abrió** la puerta, el hombre no **estaba** ya extendido sobre la mesa, decapitado, como **estaba** quince minutos antes. Parado frente a él, tranquilo, con una fina sonrisa en los labios, le **tendía**, abierta, la morena mano derecha. En la palma de ella, como una pequeña y suave llama, **había** una fresca rosa: la rosa del jardín de las monjas Claras.

🔹 El sacerdote, preocupado por lo que pueda estar haciendo el hechicero, rompe su compromiso de esperar una hora y abre antes la puerta del cuarto donde aquél está encerrado. Sorprendido, observa que su cuerpo yace inerte y sin la cabeza. Sale de la habitación consternado, y cuando se cumple la hora exacta del plazo previsto, aparece el hechicero con la rosa en la mano.

🔹 Al principio del texto se utiliza la repetición para expresar énfasis: "Dio una vuelta alrededor del patio, *y otra, y otra*. Empezaron a transcurrir *lentamente* los minutos, muy *lentamente*; nunca habían transcurrido tan *lentos* los sesenta minutos de una hora".

35

&♠· *Fijara* y *dejara* tienen valor de pretérito pluscuamperfecto de indicativo.

&♠· VALORES DEL FUTURO Y EL CONDICIONAL
• Condicional simple con valor de futuro del pasado:
no sucedería nada
abriría la puerta
lo encontraría
no tendría
le largaría
se aclararía todo
entraría
comunicaría
nada conseguiría
sorprendería al hombre
su triunfo sería completo
algo intentaría

• Condicional simple con valor de futuro de probabilidad:
algo estaría haciendo

• Condicional compuesto con valor de probabilidad:
seguramente su presencia no habría sido advertida

• Condicional y futuro simples para preguntas que el personaje se hace
a sí mismo expresando incertidumbre sobre una acción en el pasado
y el presente respectivamente:
¿Estaría soñando?
¿Se encontraría bajo el influjo de una alucinación?
¿Qué estará haciendo?

&♠· *Largar* significa coloquialmente 'dar, soltar, echar'.

&♠· USOS DE *SE*
Nada que se le pareciera: cambio de significado; *parecer*, tener determinada
apariencia/*parecerse*, presentar semejanza.
Se le ocurrió: cambio de significado; *ocurrir*, suceder / *ocurrírsele*, venir
a la mente, tener una idea.

Se tratara de un loco: cambio de significado; *tratar de,* discurrir sobre un asunto / *tratarse de,* ser.
Pretendería disculparse: reflexivo.
Se detuvo ante la puerta: verbo pronominal.
No se oía nada: pasiva refleja o impersonal.
Se acercó a la puerta: verbo pronominal.
Sus paseos se fueron acortando: verbo pronominal, *acortarse,* 'hacerse más cortos'.
Se inmovilizó, se sentía incapaz, se quejaba: verbos pronominales.
Se decidió a abrir: énfasis con respecto a *decidió abrir.*
La puerta se abrió silenciosamente: pasiva refleja / involuntariedad.
Se paseó nerviosamente: *se* redundante.
Se aclararía todo: pasiva refleja.

El hombre no hablaba, ni se quejaba, ni andaba: *ni* equivale a *y no.*
Ni un rumor...ni un movimiento: *ni* equivale a *ni siquiera.*

EL PODER DE LA INFORMACIÓN

☞ *(c) La violencia se reproduce al ser repetida por los medios de información.*
☞ *(c) La filosofía actual sólo se ocupa de los asuntos morbosos.*
☞ *(b) La sobrecarga de información ha creado un público cebado de noticias.*
☞ *(a) Las imágenes hacen que los asesinos se sientan héroes.*

C^l_aves

Situaciones

❶ Desde que irrumpiera/ irrumpió en el panorama del cine mundial.

② *¡Que no se diga!* : fórmula expresiva.

Que se lo paguen ellos: mandato a terceras personas.

Que ellos supieran: fórmula para matizar la autenticidad de lo que se dice; indica que esa es la información que se tiene.

❸ El futuro de subjuntivo sólo se usa en textos legales y fórmulas estereotipadas.

A todo aquél que deliberadamente se rebelare y no tomare, comiere, tragare, engulliere y/ o sorbiere esta porquería, ¿vos le pegareis?: parodia de los textos legales.

④ *Quisiera* y *pudiera* equivalen aquí, respectivamente, a *querría* y *podría*.

Salirse con la suya: conseguir lo que se quiere.

❺ En muchas ocasiones el condicional compuesto de indicativo se sustituye por el pluscuamperfecto de subjuntivo:

> *Me hubiese gustado (habría gustado) cruzar la mirada con Goya.*
> *Con el actual registro para casos así , la transmisión de la enfermedad se hubiera evitado (se habría evitado).*

⑥ *Tal vez hubiera sido blanco el día anterior*: *tal vez* + SUBJUNTIVO, posibilidad lejana.

Posiblemente afile la espada: *posiblemente* +SUBJUNTIVO, posibilidad lejana.

Puede que los tribunales no le condenen: *puede que*, expresión de posibilidad, siempre seguida de subjuntivo.

Oh, si tuviera el valor de hablarle: expresión de deseo, *si* + IMPERF. O PLUSC. DE SUBJUNTIVO.

Cuya finalidad acaso fuese el viejo sueño: *acaso*, expresión formal para indicar probabilidad.

¿Y si fuera cierto?: *y si* expresa aquí conjetura.

 4.1.

1. Esperábamos que te arrepintieras de lo que estabas haciendo.
2. Te aseguré que haría todo lo que fuera posible para ayudarte.
3. No creía que hubieran aceptado esas condiciones.

40

4. Habían decidido que si se confirmaran las expectativas electorales formarían grupo parlamentario.
5. Eso no justificaba que lo hubieran calumniado.
6. El guardián le había dicho que escapara.
7. Negaban que se tratara de una conspiración.
8. Los problemas económicos de la compañía impedían que hiciera frente a una subida de salarios.
9. Era poco probable que volviera a dedicarse a la política.
10. No estábamos seguros de que hubiera recibido el mensaje.
11. No había creído que el peligro fuera tan inminente.
12. Habíamos temido que hubieran desaparecido los documentos.
13. Lo hicimos para que escarmentaran.
14. Esperaba que a las 7 ya hubieras acabado.
15. Los sindicatos se quejaban de que no se hubiera respetado el acuerdo.
16. Te dejaré aquí las revistas para que las veas cuando tengas tiempo.
17. Si fueras (hubieras sido) más observador, te habrías dado cuenta de lo que estaba pasando.
18. No lo creeré hasta que lo vea.
19. Nada indica que vayan a cambiar de opinión.
20. Queremos que aceptes colaborar con nosotros.
21. Nos gustaría que aceptaras (aceptes) colaborar con nosotros.
22. Aunque no me lo digas (hayas dicho), sé que estás pasando un momento difícil.
23. Llamaré inmediatamente para que nos hagan la reserva de hotel.
24. Probablemente sea demasiado pronto para comentar los resultados de la votación.
25. Dirígete a la embajada en cuanto puedas.
26. Cuando ya hayas terminado estas gestiones podrás tomarte un par de días libres.
27. Es probable que escucharan nuestra conversación de ayer.
28. Si hubieras sido más discreto, nadie se habría enterado de esto.
29. Nos encantaría (habría encantado) que estuvieras (hubieras estado) en la entrega de premios.
30. Quisiéramos que nos dieras tu opinión sobre este asunto.
31. Aunque lo contaras (cuentes) no te creerían.
32. Hemos solicitado que cambien la fecha de la convocatoria.
33. Van a intentar que las negociaciones sean rápidas a fin de que el mercado quede preparado lo antes posible.
34. Puede que acabe por hartarse si no le damos ya una solución.

35. Los convencimos para que aceptaran el plan propuesto.
36. Nos dijeron que, por mucho que lo intentáramos, el esfuerzo sería inútil.
37. Me hubiera gustado que me avisaran (hubieran avisado) de lo que proyectaban.
38. ¿Sería posible que me mostrara otro modelo mejor?
39. No creo que haya consenso sobre este tema.
40. Cuando termines de arreglar el enchufe, podrías ayudarme a mover estos muebles.
41. Quisiéramos que nos escuchara al menos una vez.
42. No me pareció que estuvieran contentos con el resultado.
43. Pasaremos a verte antes de que te vayas de vacaciones.
44. No sabía que hubierais ganado un viaje a Jamaica.
45. Es muy extraño que aún no hayan llegado. Espero que no se hayan perdido.
46. No veo que lo hayas conseguido.
47. No soñé que hubieras descubierto un galeón hundido.
48. No he leído que vaya a bajar la gasolina.
49. No nos dimos cuenta de que fuera un farsante.
50. No recuerdan que les hayas prometido acompañarlos al zoo.
51. No reconoció ante el jurado que hubiera cometido el crimen.
52. No está claro que la situación vaya a cambiar en las próximas semanas.
53. No estamos seguros de que hayan dicho la verdad.
54. No era cierto que hubieran caído en una trampa.
55. No nos dimos cuenta de que estuviera bromeando.
56. No somos conscientes de que hayas hecho todo lo posible.
57. No es obvio que hayan comprendido el problema.
58. No estoy convencida de que ésa sea la salida más idónea.
59. No está demostrado que el hombre sea un animal de costumbres.
60. No me consta que haya estado aquí hoy.

➠ 4.2.

1. vaya ; 2. preparáramos; 3. tengas; 4. hayan contestado; 5. me decida; 6. tuviera; 7. gane; 8. te hubieras enfermado; 9. tuviera; 10. autoricen, autorizan; 11. enviarán, han enviado; 12. sepa; 13. digamos; 14. hubiera tocado; 15. le hubiera gustado; 16. parta ; 17. traigan; 18. hubiera presentado; 19. es, sea ; 20. te hubiera comido; 21. nos

olvidáramos, nos olvidamos/ fuéramos, vamos; 22. ha visto/ haya visto; 23.
hayas fallado, falles; 24. tarden; 25. la hubieras visto; 26. digamos; 27. sepa; 28.
han sido, son/hayan sido, sean; 29 .te llame, te llamo; 30. es/fuera.

31. Algún día volveré, tal vez.
32. Puede que no le haya gustado.
33. ¿Ya te vas? ¡Ni que te hubiéramos echado!
34. Ojalá tengas suerte en la vida.
35. Quizá me compre un nuevo equipo de música en las rebajas.
36. ¡Que se te resuelvan los problemas pronto!
37. ¿Y si fuéramos a ver la feria de antigüedades?
38. Tal vez te llame cuando tenga un rato libre.
39. Probablemente, la guerra acabará muy pronto.
40. A lo mejor conseguimos estar de regreso antes del amanecer.
41. Puede que no quiera ratificar el informe.
42. ¡Quién pudiera vivir doscientos años!
43. Que te lo pases bien en la fiesta de mañana.
44. Que yo recuerde, no se quedó nada sobre la mesa.
45. No es una persona muy amable, que digamos.

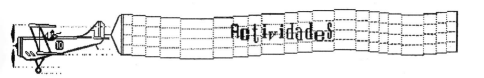

1.

DESEO Y POSIBILIDAD
I. ¡Quién pudiera estar en su lugar!
II. Puede que sea un admirador de Rambo.
III. Posiblemente te llame más tarde.
IV. ¿Y si nos fuéramos a dar una vuelta en moto?
V. Tal vez quiera adelgazar.
VI. Quizá le han jugado alguna mala pasada.
VII. ¿Y si nos fuéramos a tomar algo al bar de la esquina?

2.

ORACIONES INDEPENDIENTES
Tal vez...............................sea ya muy tarde para pedir una
                                    prórroga.
Puede que.........................se hayan vuelto a ver.

Ojalá.....................................no se hubiera estropeado la cosecha.
¡Que.....................................te lo pases muy bien!
¡Ni que................................fuera tonto!
No es muy elegante............que digamos.
El atentado ha sido
cometido por terroristas,..................probablemente.
Hubiera jurado...................que era ella la que estaba allí ayer.
A lo mejor...........................el nuevo alcalde crea un clima de confianza.
Quizá...................................haya conseguido el premio.
Posiblemente.......................vuelven a abrir el centro cultural.
¡Quién................................hubiera podido ser millonario!
¿Y si.....................................nos fuéramos de copas?
¡ Ni que................................hubieras visto un fantasma!
¡ Que ....no haya sido grave!

3.
ESTRUCTURA CON *NI*

Se trata de una estructura de uso coloquial para expresar un ruego negativo:

> *¡Ni lo sueñes!*: 'Ni siquiera lo sueñes, no lo sueñes'.
> *Ni se moleste*: 'Ni siquiera se moleste, no se moleste'.

4.
GAZAPO

❏ En el español de El Salvador, Honduras y Nicaragua se pronuncia la jota con énfasis.

5.
DESEOS

¡Quién pudiera estar en casa!
¡Si al menos tuviera a alguien con quien hablar!
¿Y si mandara un mensaje en una botella?
Ojalá pase cerca algún barco y me recoja.

VÍCTIMAS DE LA PUBLICIDAD

✿ RESUMEN

El autor propone al lector que no se deje abrumar por la publicidad de productos de higiene, pues consigue crear falsas necesidades que no sólo no son beneficiosas sino que incluso pueden llegar a ser perjudiciales, ya que no es natural que el cuerpo humano sea tratado con tal cantidad de productos.

Van en mayúsculas términos como *Imperio, Medios, Mercado* o *Arriba* porque se pretende expresar el poder de las entidades a las que se hace referencia.

⊛ ORACIONES INDEPENDIENTES

⊃ *Tal vez ni siquiera había adoptado*: *tal vez* + INDICATIVO, posibilidad bastante real.

⊃ *¡Sean trabajo la Higiene y el Deporte!*: deseo, expresado con *(que)* + SUBJUNTIVO.

⊃ *Puede que le sea difícil; puede que tenga que seguir; puede que le cueste mucho; puede que se encuentre*: *puede que* + SUBJUNTIVO para expresar posibilidad.

⊛ EXPRESIONES

a troche y moche: de modo absurdo e irreflexivo.
de marca: fabricado por una marca de calidad.
dar leña: castigar, zurrar.
a todo trapo: a toda vela, con mucha velocidad.
a pelo, al pelo: a medida del deseo.
la calor: expresivo o vulgar, por *el calor*.

⊛ PRONOMBRES

• *Esté U. atento*: uso enfático del pronombre personal sujeto, no necesario; *U.* es abreviatura de *usted*.
• *Le están matando el olor*. *le* es dativo posesivo.
• *Convertirlo a usted, por su bien de usted, le hacen a U., le gusta a U.*: uso del pronombre tónico para evitar ambigüedad, pues las formas *lo* y *su* pueden referirse a *usted* y a *él*.
• *Como se suele*: *se* impersonal.
• *Las viviendas se gradúan* : pasiva refleja.
• *Fiarse de sus gustos*: diferencia de significado; *fiarse* (confiar)/ *fiar* (admitir un pago no inmediato por el producto que se vende).

45

- *Desodorarse, ducharse, untarse*: formas reflexivas.
- *Se iba a hundir* (o *iba a hundirse*): uso pronominal del verbo; la acción de hundirse está interiorizada por el sujeto.
- *Démosle leña al cuerpo, enseñarles a las visitas: le(s)* es redundante, no necesario.
- *Ponerse a lavarse menos y rebelarse: ponerse a* , comenzar/ *poner*, colocar; *lavarse* es reflexivo; *rebelarse* es verbo pronominal.
- *Se andaban bañando* (o *andaban bañándose*): perífrasis, el pronombre reflexivo puede ir antes del auxiliar o después del gerundio.
- *Quitárselas*; *no se dará cremas*: *se* reflexivo.
- *Aburrirse*: verbo pronominal, la acción sucede en el interior del sujeto.

✿ PERÍFRASIS

si dejara de lavarse: *dejar de* + INFINITIVO; terminación.

se iba a hundir, lo que va a ganar: *ir a* + INFINITIVO; futuro inmediato.

el proceso estaba desatado: *estar* + PARTICIPIO; resultado.

ponerse a lavarse: *ponerse a* + INFINITIVO; comienzo de acción.

tendrá que ser prudente: *tener que* + INFINITIVO; obligación.

ir devolviendo la vida a su piel: *ir* + GERUNDIO; acción lenta y progresiva.

seguir usando: *seguir* + GERUNDIO; idea de continuación.

debían de ser las mismas: *deber de* + INFINITIVO; probabilidad.

se andan bañando: *andar* + GERUNDIO; continuidad ; matiz de contrariedad o reproche.

✿ PREPOSICIONES

Poseído de una saña furibunda. La preposición *de* equivale aquí a *por*.

LITERATURA

❧ ESTRUCTURAS INDEPENDIENTES

- *quizá el momento haya llegado; quizá tampoco sea una tarde de suerte; quizá dependa; quizá hayan caído en algún tipo de trampa*: quizá + SUBJUNTIVO, probabilidad lejana.
- *ni que ocultara un micrófono*: ni que + SUBJUNTIVO, expresión coloquial con matiz de ironía.

❧ FINAL

En la obra original los dos personajes acaban sintiéndose dominados por los objetos que han encontrado y los abandonan para poder liberarse de la presión a la que están sometidos.

❧ EXPRESIONES

- *estar sin un mango*: no tener dinero; *estar sin un duro, estar sin blanca, estar a la cuarta pregunta.*
- *desde hace rato*: desde hace tiempo.
- *vereda* (Ch., Riopl., Andes): acera; *Esp.* camino angosto; *Col.* pueblo; *C.R.* orilla de un río.
- *guita*: dinero; *plata, pelas, pasta.*
- *cana*: policía.
- *no se anima a agarrarlo*: uso de *agarrar* por *coger*, término de significado tabú en diversas zonas de América (v. *Método* del nivel intermedio, p. 229).
- *saco sport*: saco es 'chaqueta' en América; *sport* es extranjerismo no admitido, por 'deportivo'.
- *con lo bien que le vendría*: expresión coloquial con valor exclamativo, '¡qué bien le vendría!'.
- *unos cuantos boletos de colectivo*: boleto es expresión americana para *billete; colectivo* es 'autobús' en Argentina (v. *Método* del nivel intermedio, p. 95).
- *vaya uno a saber*: expresión coloquial, 'nadie lo sabe, quién lo sabe'.

❧ ESTRUCTURA

No es que se quejen, pero ya es hora de tener un poco de suerte.
La expresión *no es que* va seguida de subjuntivo.
EJEMPLO
No es que me importe ir a trabajar el sábado, pero no me parece justo.

⊰▲ DIMINUTIVOS

Son muy frecuentes en el español de América con valor afectivo:

está solito el portafolio
(el saco) gastadito en los bordes

☞ *(b) El nuevo Popeye cambiará radicalmente.*
☞ *(a) Popeye aparece por primera vez en 1929.*
☞ *(c) Las virtudes mágicas de las espinacas podían ser la propaganda de un alimento muy nutritivo en la época de la Depresión.*
☞ *(b) En 1987, Popeye aparece casado.*

Claves

Situaciones

❶ VERBO REDUPLICADO

Se trata de estructuras en las que el relativo une una misma forma, repetida, de un verbo en subjuntivo (con algunas excepciones, como *dijera lo que dijese, sea como fuere*). Su valor es concesivo, y equivale a "no importa": *haga lo que haga, piense lo que piense, diga lo que diga, cueste lo que cueste, mires donde mires, duela a quien duela* (no importa lo que haga, lo que piense, lo que diga, lo que cueste, a quien duela).

MODELO

El tribunal va a llegar al fondo del asunto, caiga quien caiga.

② CONTRASTE

hay quien demuestra / no hay quien la aguante

Después de *haber* usamos el relativo *quien* para persona. En el primer ejemplo se hace referencia a seres determinados y en el segundo se niega el antecedente, por lo que usamos, respectivamente, indicativo y subjuntivo.

❸ CUYO

Es ésta una prosa excelente cuya presencia se nota demasiado : Es ésta una prosa excelente y *su* presencia se nota demasiado.

MODELO

Los libros cuyo formato exceda esta medida irán en otro estante.

④ CONTRASTE

sea cual sea

sean mercantilistas.... sean de mal gusto

En el primer caso, tenemos una estructura con verbo reduplicado y pronombre relativo (*cual*); su valor es concesivo: "no importa cuál sea". En el segundo, el valor es también concesivo pero la construcción es distinta: "no importa si son mercantilistas... *o* si son de manejo de canales.. *o* si son de mal gusto...".

❺ USO DEL SUBJUNTIVO

Quienquiera que sea: *quienquiera, comoquiera* y *cualquier(a) que* van siempre seguidos de subjuntivo.

No hay periódico en el mundo que no las haya publicado: negación del antecedente.

Gente que me quiera y que me dé caña; *Un partido que no sea una agrupación de cargos políticos*; *Haré lo que falte*: antecedente indeterminado.

50

5.1.

1. cuyo; 2. de quien, del cual; 3. quienes, los que; 4. donde, en el que; 5. los cuales, que, quienes; 6. lo que, lo cual; 7. cuanto, lo que ; 8. cuando; 9. que, (el cual); 10. que; 11. con el que, con el cual; 12. con los que, con los cuales; 13. como, cuando, donde; 14. cuyo; 15. lo cual; 16. cuanto, lo que; 17. en el cual, donde, en el que; 18. quien; 19. el cual; 20. que; 21. que; 22. lo que; 23. cuya; 24. donde, en la cual, en la que; 25. lo que; 26. a quien, al que; 27. el cual, el que; 28. cuya; 29. que; 30. la que.

31. Las personas *que* no estén de acuerdo pueden presentar una reclamación.
32. (Correcta).
33. Los alumnos *que* no vinieron a clase no se enteraron de la fecha del examen.
34. No tengo *quien* me pueda pasar a máquina estos apuntes.
35. (Correcta).
36. (Correcta).
37. Prefiero el *que* está en aquel rincón.
38. (Correcta).
39. Buscamos a una persona *que* pueda asesorarnos legalmente.
40. (Correcta).
41. Las flores *que* te han enviado son preciosas.
42. Deberías contarnos *lo que* te preocupa.
43. Fue de madrugada *cuando* sonó la sirena.
44. El color *que* has elegido para pintar la valla es demasiado oscuro.
45. Son pocos los comercios *que* abren en domingo.

46. *Quien* bien te quiere te hará llorar.
47. *Quien/El que* mucho abarca poco aprieta.
48. *A quien* madruga Dios le ayuda.
49. *Lo que* no se llevan los ladrones aparece en los rincones.
50. *Quien/El que* calla, otorga.
51. *A quien* algo quiere, algo le cuesta.
52. *Quien/El que* parte y reparte se lleva la mejor parte.
53. *Quien/El que* mal anda, mal acaba.
54. *Quien/El que* la busca, la encuentra.
55. *Quien/El que* a hierro mata, a hierro muere.
56. *Quien/El que* siembra vientos, recoge tempestades.
57. No hay peor ciego que *el que / quien* no quiere ver.
58. *Quien/El que* espera, desespera.
59. *Quien/El que* tiene boca, se equivoca.
60. *A quien/al que* a buen árbol se arrima, buena sombra le cobija.

5.2.

1. haya cometido,cometiera; 2. tratar; 3. sea/sea; 4. sepa; 5. apostaran, hayan apostado/ apostaron, han apostado; 6. leo/ he leído; 7. necesitan; 8. pueda; 9. sea; 10. ver; 11. vea, haya visto; 12. están, han estado, estén, hayan estado; 13. están, han estado; 14. pertenecen; 15. influya; 16. vives; 17. llevan; 18. sabe; 19. sepa; 20. quieran (quieren); 21. conozca (conoce); 22. quieras; 23. habían estado; 24. vea; 25. digan; 26. está; 27. tenga; 28. conocen (usamos aquí indicativo porque la segunda parte de la oración presupone que el hablante conoce a esos pocos de los que habla); 29. esté; 30. pase/ pase.

31. Digan lo que digan, en este país se disfruta de la vida.
32. Quienes quieran reclamar deberán dirigirse a aquel mostrador.
33. Puedes colocar esa cómoda donde tú prefieras.
34. Si tienes algo que añadir, hazlo ahora, porque hay que zanjar ya esta cuestión.
35. Dondequiera que haya ido, es necesario que regrese cuanto antes.
36. Tenemos algunos asuntos que resolver . Volveremos a la hora de cenar.
37. Los molinos, que eran muy antiguos, ya no funcionaban.
38. Llegaremos hasta el fondo de este asunto, sea como sea.
39. Los socios cuyo carné esté caducado deberán actualizarlo antes del día diez.
40. El festival de música que comenzó en octubre acaba de terminar.
41. Los relatos inéditos que han encontrado son lo mejor de su producción.
42. Queremos un apartamento que sea tranquilo y luminoso.
43. Puedes comer todo lo que quieras, mientras cuides tu salud.
44. Solamente quienes pertenezcan al club tendrán derecho a participar en la competición.
45. Lo que ha ocurrido nos ha impresionado a todos.

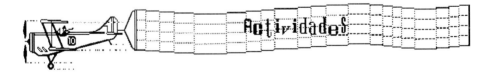

1. GAZAPOS

❏ Buscamos hombres *a los que* les guste el campo.
❏ Allí hay un pueblo *cuyos* habitantes se han quedado sin agua.

- ❏ *A* una persona que se cura de esta enfermedad no le queda ninguna secuela.
- ❏ Fue una de las fundadoras de la asociación, *de cuya junta* de directores hoy es presidenta.
- ❏ El coche para la gente *a la* que le gusta la gente.
- ❏ Ésa es la chica *cuya* madre es actriz.

2. CUYO
- •El camión *cuyo conductor* resultó muerto...
- •La sesión, *cuyo orden del día* no se había facilitado...
- •La gabardina, *cuyo dueño* no apareció hasta poco después...

3. MODELO
Vendo bicicleta estática que tiene sólo un año...
Compro proyector de diapositivas de segunda mano que esté bien conservado...

4. MODELO
Gente que nunca se enferme ni envejezca.

5. GAZAPO
- ❏ El habla panameña es muy distinta a la de Cuba y Venezuela.

6. EXPRESIONES LATINAS
honoris causa: por causa de honor, como homenaje.
quid: esencia.
a priori: previamente.
mea culpa: mi culpa.
dixit: dijo.
versus: contra.
vox populi: voz del pueblo.
quórum: número de individuos necesario para que una votación sea válida.

7. EXPRESIONES
ex libris: etiqueta que se adhiere a los libros para indicar la identidad de su dueño.
habeas corpus: derecho del detenido a ser oído.
in albis: en blanco.
ipso facto: en el acto, inmediatamente.
lapsus linguae: error involuntario que se comete al hablar.

53

modus vivendi: modo de vivir.
motu proprio: por voluntad propia.
rara avis: ejemplar o persona extraña y especial.
sine qua non: indispensable (referido a condiciones).
sui generis: muy particular o especial.

MODELOS

• Necesito que me lo expliquen; estoy *in albis*.
• El abogado defensor cree que no se ha respetado el *habeas corpus* .
• Es una *rara avis*. Nunca encontrarás a una persona tan especial.
• Le hemos regalado un *ex libris* precioso por su cumpleaños. Como tiene tantos libros, creemos que es el mejor regalo.
• Es un color muy *sui generis*. No sabría definírtelo.
• Lo siento, no quería decir eso. Ha sido un *lapsus linguae*.
• Es obligatorio pertenecer a la asociación para poder participar en la fiesta que organizan. Se trata de una condición *sine qua non* .
• No se trata de que hagas las cosas por obligación. Debes hacerlas *motu proprio*.
• Es muy urgente. Debes presentarte allí *ipso facto* .
• El surrealismo, más que un movimiento artístico, era un *modus vivendi*.

LA DROGA

✪ RESUMEN

Según Juan Pedro Aparicio, si se legalizaran las drogas, su comercialización se convertiría en un negocio floreciente y nuestro país devendría el paraíso de los drogadictos. Juan Tomás de Salas, en cambio, está a favor de la legalización porque considera que esa decisión, adoptada racionalmente, produciría cuatro efectos positivos: la disminución drástica de muertes a causa del consumo de drogas adulteradas, la reducción de la delincuencia de los adictos que necesitan pagar cada dosis, el fin de la corrupción a causa del negocio clandestino de la droga y la desaparición de los problemas con el narcotráfico.

⊛ CONSTRUCCIONES DE RELATIVO

⊃ **relativo + INDICATIVO (antecedente conocido)**
- Yo se la he oído a varios taxistas *que* suelen defenderla.
- Se acabarían los atracos y agresiones *que* se cometen.
- Toda esa pequeña y no tan pequeña delincuencia *que* martiriza.
- Tanto ciudadano inadvertido al *que* le pinchan.
- La corrupción creciente *que* asola a nuestros países, *donde* aduaneros, policías, jueces y aun políticos son sometidos a tentaciones.
- Los monstruos insondables del narcotráfico, *que* se atreven.
- Lo *que* les mata es la adulteración.
- Ese paraíso sedicentemente socialdemócrata *donde* ha sido posible...*donde* más fácil y barato resulta llegar al éxtasis.
- Son muchas ya las ciudades europeas *que* están adoptando medidas.

⊃ **relativo + INFINITIVO (finalidad o disponibilidad)**
- No tengo nada *que* objetar.

⊃ **relativo + SUBJUNTIVO (antecedente desconocido o indeterminado)**
- Un aviso del Ministerio de Sanidad *que* nos advirtiera.

⊃ **relativo + INDICATIVO (oración no restrictiva)**
- Sería la disminución radical de las decenas o centenas de muertos de nuestras ciudades, *que* no mueren casi nunca por ingerir droga.

⊛ ARGOT
⊃ *chute*: inyección de heroína.
⊃ *pinchar*: clavar una navaja.
⊃ *camello*: traficante de drogas, generalmente de poca categoría.
⊃ *engancharse*: hacerse adicto a las drogas.
⊃ *chocolate*: hachís.
⊃ *mono*: síndrome de abstinencia de los toxicómanos.
⊃ *maría*: marihuana.
⊃ *caballo*: heroína.
⊃ *pico*: dosis de heroína.

55

❁ TOPONÍMICOS

Asunción	➤	asunceño
Bogotá	➤	bogotano
Buenos Aires	➤	bonaerense o porteño
Caracas	➤	caraqueño
Costa Rica	➤	costarricense
Dinamarca	➤	danés
Ecuador	➤	ecuatoriano
Guayaquil	➤	guayaquileño
Honduras	➤	hondureño
Jerusalén	➤	jerosolimitano
La Paz	➤	paceño
Lima	➤	limeño
Lisboa	➤	lisboeta, lisbonense
Londres	➤	londinense
Madagascar	➤	malache
Malasia	➤	malayo
Managua	➤	managüense
Nueva York	➤	neoyorquino
Puerto Rico	➤	puertorricense, portorricense
República Dominicana	➤	dominicano
Río de Janeiro	➤	carioca
Túnez	➤	tunecí

❁ EXPRESIONES BASADAS EN NACIONALIDADES

Engañar como a chinos: engañar por completo y fácilmente.
Mercado persa: mercado callejero.
Flema británica: impasibilidad extrema.
Despedirse a la francesa: irse sin despedirse.
Cuentos chinos: mentiras, historias falsas.

❂ OTRAS EXPRESIONES

Disciplina prusiana: disciplina muy estricta.

Café americano: café colado con filtro y muy suave de sabor.

Ser un moro: ser muy celoso.

Cabeza de turco: persona que paga, a veces incluso sin culpa, por el delito que han cometido varios.

Hablar en chino: hablar de modo que no se entiende nada de lo que se dice.

Pagar a la romana: pagar cada uno lo suyo.

Hacerse el sueco: hacerse el despistado.

Balcanización de un conflicto: "La larga confusión entre fronteras y nacionalidades en la península de los Balcanes por influencia de diversas grandes potencias, uniendo a veces pueblos y etnias distintos en un solo país, y otras veces separando una misma nacionalidad en países distintos, produjo largas guerras y malestares que aún perduran -como las dificultades entre serbios y croatas dentro de Yugoslavia-; cuando el juego de potencias dominantes trata de crear, por sus intereses propios, ese género de confusiones en otros lugares del mundo, se dice que están realizando una *balcanización* de dicha zona" (Eduardo Haro Tecglen, *Diccionario político*).

Jugarse algo a los chinos: juego que consiste en acertar el número de monedas que esconde en las manos el total de los participantes (tres como máximo por jugador).

Hacer el indio: hacer tonterías.

Patente de corso: autorización que se tiene o se supone para realizar actos prohibidos a los demás. Tiene su origen en el contrato con que el gobierno de un Estado autorizaba a los corsarios, que navegaban bajo su pabellón, para perseguir y capturar a los navíos de los países enemigos y quedarse con las presas o parte de ellas.

MODELOS

• No nos parece adecuado que ese colegio imponga una disciplina prusiana a sus alumnos.

• Siempre he preferido el café expreso al café americano.

• Eres un moro; nunca he conocido a un hombre tan celoso.

• Aunque han encarcelado al director del banco, es sólo una cabeza de turco para apaciguar la indignación popular; los verdaderos culpables aún están por salir a la luz.

• No me hables de ordenadores ni de logaritmos neperianos; es como si me hablaras en chino, no comprendo nada.

57

- En España no es frecuente pagar a la romana cuando se toman cafés o copas.
- Lo vimos al salir del teatro pero se hizo el sueco para no acercarse a saludarnos.
- La balcanización es un fenómeno frecuente en los procesos de descolonización.
- Yo tampoco tengo ganas de quedarme hoy a hacer horas extras, por mucho trabajo que haya.¿Y si nos lo jugamos a los chinos?
- Deja de hacer el indio y ponte a trabajar, que vamos muy retrasados con este proyecto.
- Siempre llega a la oficina a la hora que le apetece y sin dar explicaciones; se cree que tiene patente de corso.

LITERATURA

RELATIVOS Y MODOS

- *Cualquier versión que diera de seguro iba a enfurecer a Mamá Elena*: cualquier... + *que* + subjuntivo.
- *Tenía que inventar una en la cual (la que), al menos ella, saliera bien librada*: subjuntivo, se habla de algo que no existe aún.
- *Para lograrlo tenía que encontrar una excusa que disculpara la visita que le había hecho a Tita*: subjuntivo, se habla de una realidad no conocida.
- *Las mujeres que desobedecen a sus padres* : indicativo, se habla de entidades generales.
- *Mentir era una práctica de sobrevivencia que había aprendido desde su llegada; el castigo al cual (al que) una se hacía merecedora era completamente diferente; por ejemplo, todo lo que (cuanto) había imaginado sobre la suerte de Tita no había resultado cierto*: indicativo, se habla de realidades conocidas.

CUAL/CUÁL

Cuál es interrogativo, *cual* es relativo.

58

⋆ SUSTITUCIÓN

- *Al despedirse*: en el momento de despedirse, cuando se despidió.
- *Estaba paralizado*: se había quedado paralizado.
- *¡Como si no la conociera!*: eso significaría que no la conocía; la conocía perfectamente.
- *Ojalá pudiera*: deseaba poder.
- *Estaría llorando*: suponía que estaba llorando.
- *Estaría sufriendo*: probablemente estaba sufriendo.
- *Nunca se le hubiera ocurrido*: nunca se le habría ocurrido.
- *Hubiera sido demasiado*: habría sido demasiado.

⋆ DERIVADOS

abrir	➤ abridor
vivir	➤ vividor
soñar	➤ soñador
contener	➤ contenedor

⋆ DEFINICIONES

versión: modo que tiene cada uno de referir el mismo suceso.
enfurecer: poner furioso.
exprimir: apretar algo para extraerle el zumo (aquí, figurado).
limosna: dinero que se da a los pobres por caridad.
castigo: pena que se impone al que ha cometido un delito.

MANÍAS

☞ *(a) Según el maestro Cañabate en la ducha se producen los accidentes más graves.*

☞ *(c) Para prevenir percances, una persona puede colgarse de dos correas.*

☞ *(b) En los hoteles suele sonar el teléfono cuando se está en la ducha.*

☞ *(b) El protagonista finalmente decide no contestar al teléfono.*

C^l_aves

Unidad 6

Situaciones

❶ ORACIONES SUSTANTIVAS
- *Ser* + ADJETIVO DE VALORACIÓN + SUBJUNTIVO/INFINITIVO

  Es posible que tenga miedo.

  Sería prudente que analizara y programara sus pagos.

  Es preciso que proceda con mucha cautela.

  Es posible que estén mal dirigidos.

  Sería buena idea no involucrarse demasiado.
- VERBO DE PENSAMIENTO (afirmativo) + INDICATIVO

  Usted cree que una nueva empresa será el medio.
- VERBO DE INFLUENCIA + SUBJUNTIVO

  Lo que proponga que haga un asociado.

② El ayuntamiento quiere que se impongan numerosas normas y prohibiciones, ante la paradójica proclamación de libertad de la estatua, y exige que nadie dibuje en los muros, aparque en los alrededores, juegue a la pelota, monte en bicicleta, pasee por el parque a su perro, arroje botellas o arranque las flores; incluso esperan que Quino deje de dibujar.

❸ • *que haya galerías (...) puede que sea noticia.*
  • *el hecho de que esos personajes estén interpretando la escena en cuestión.*
  Observamos que tras *(el hecho de) que* el verbo se construye con subjuntivo, lo cual es altamente frecuente en este tipo de estructuras.

④ • *No es que vosotros rechacéis lo que os transmiten: es que los mayores no tienen nada que transmitiros.*
  • *El problema no es que no haya dinero (...)lo que pasa es que nadie se puede permitir el lujo de pedirlo prestado a ese precio.*
  Podemos constatar que se usa subjuntivo tras *no es que* e indicativo tras *es que*.

❺ • *Lamentamos informar al público que...*
  • *Rogamos dirigirse aquí mismo...*
  En el primer caso, el verbo de sentimiento *lamentar* se construye con infinitivo porque su sujeto coincide con el de *informar* (=nosotros).
  En el segundo caso se trata de un verbo de influencia, *rogar*, que suele admitir ambas estructuras aunque los dos sujetos sean diferentes.

6.2.

1. que hubiera; 2. que el gobierno tome; 3. que me escucharan; 4. viajar; 5. que nos inviten; 6. que fallara; 7. que nos haya tocado, que nos tocara; 8. que su madre vuelva a estudiar; 9. que no nos hayan telefoneado; 10. salir/que probemos; 11. entrar, que entremos; 12. ver; 13. que sepas; 14. que fuera; 15. que lo supieran; 16. poner; 17. que reciban; 18. que la policía lo atrapara; 19. que no recuperaras; 20. que se den cuenta; 21. tener; 22. que un barco los encontrara/les salvara; 23. que cambie; 24. que no salieras; 25. que fumen; 26. que no haya habido, que no hubiera; 27. que no dijéramos; 28. no llegar; 29. que haya; 30. que otros le dijeran.

31. Han comentado que a partir de enero será posible trasladarse/que nos traslademos de provincia.
32. No te permito llegar tarde/que llegues tarde.
33. Me encantaba ver el resplandor del fuego/que me permitieran contemplar el fuego.
34. Nos recomendó tener calma/ que tuviéramos calma.
35. Es estupendo verte tan bien/que lo hayas superado.
36. Conseguirás llegar a donde quieras/ que valoren tu esfuerzo.
37. Nos exigirán entregar el resguardo/que entreguemos el resguardo.
38. Es absurdo negarlo/que intentes negarlo.
39. Me fastidió ver cómo mentías/que me mintieras.
40. Se alegró muchísimo de vernos/de que fuéramos a verla.
41. Me entusiasma asistir a fiestas/que me inviten a fiestas.
42. No puedes oponerte a recibirlos/a que vengan a quedarse en casa.
43. Ya sabes que es un disparate vivir así/que vivas así.
44. El conferenciante, sorprendido de tener tanta audiencia/que hubiera tanto público, pronunció su discurso muy animado.
45. No se permite entrar tarde a clase/que los alumnos entren tarde a clase.

6.3.-4.

1. tiene; 2. había pensado (he pensado, pensaba, pienso); 3. fueras (eras); 4. hubiera entrado; 5. te han estafado; 6. hubieran hablado; 7. es (sea); 8. conocía; 9. hayan sido (han sido); 10. fuera (era); 11. es; 12. te has dado cuenta;

63

13. son; 14. traerá; 15. han hecho; 16. era /sanear, que se saneara; 17. hubiera hecho; 18. que te haya prometido (haberte prometido); 19. que intentaba; 20. no tiene; 21. que desee (desea)/ retirarse; 22. que puedan/contar; 23. que se arrepentirían; 24. me hayan rechazado (me han rechazado); 25. te hayan escuchado; 26. vayan a crear; 27. lo hayan (han) anunciado; 28. lo crea/ parece; 29. no esté/me esperaba; 30. te hayan invitado (inviten)/ que hayan olvidado.

31. He observado que últimamente estás muy apesadumbrado.
32. No he observado que hayan cambiado mucho las cosas.
33. Es cierto que nos vamos a mudar el mes que viene.
34. No es seguro que lleguen a tiempo. La carretera está en muy mal estado.
35. Me han comunicado que debo presentarme allí mañana.
36. No nos han confirmado que hayamos aprobado el examen.
37. Se murmura que habrá pronto muchas sorpresas.
38. Hemos notado que últimamente está eufórico.
39. Está demostrado que por las buenas se puede conseguir todo.
40. No da la impresión de que vaya a cambiar de opinión.
41. No han descubierto que haya pruebas falsas. Es un bulo.
42. El hecho de que te hayan escuchado indica su interés por ti.
43. El que vinieran preguntando por ti testimonia lo que te he dicho.
44. Que sea verdad es algo que está por demostrar.
45. El que no quieran venir no significa que estén enfadados.

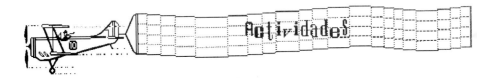

1. INSTANCIA

Sr. D. Agustín López
Director General de la A.U. V.

María Cortés, de nacionalidad española, con D.N. I. n° 42816382 y residente en Madrid, calle Alberto Aguilera, n°64,

EXPONE que, según se observa en el curriculum que adjunta, *cumple* todas las condiciones requeridas en el anuncio aparecido en la prensa con fecha del 13 de octubre para una plaza de auxiliar administrativo en la empresa que usted dirige, por lo que

SOLICITA se *tenga* en consideración su candidatura para dicho puesto y se le *conceda* la oportunidad de ser entrevistada a fin de poder defenderla.

Madrid, 14 de octubre de 1995

María Cortés

2.

VIÑETA

Espero que no se te ocurra ni por un momento hacer lo que estás pensando.

Exijo que respetes mi espacio; es evidente que no tienes ningún sentido de la educación.

No entiendo que todos los perros tengan esta maldita manía de andar fastidiando a los árboles con sus necesidades primarias.

Creo que deberías pensar un poco en lo que haces.

No es posible que seas tan grosero.

3.

JUICIO DE VALOR

MODELO

Es indignante que los políticos acaben siempre perdiendo sus principios más elementales.

4.

VIÑETA

Es increíble que el árbitro haya consentido una falta tan grave sin denunciarla.

Es obvio que estaba vendido.

No estaría mal que lo colgaran por sinvergüenza.

No es justo que tenga que pagar por la pequeña infracción que he cometido.

Parece mentira que el soborno no funcione cuando tiene que funcionar. Deberían colgar a éste también.

5.

LOS COLORES

Estar en números rojos: estar en quiebra, tener una cuenta deficitaria.

Leyenda negra: mala fama.

Luz verde: adelante, no hay peligro.

Chistes verdes: chistes obscenos.

Voto rosa, poder rosa: voto o poder de los homosexuales.

Coches verdes, tecnología verde : coches o tecnología ecologistas.

Noticias rosas: de la prensa del corazón, sentimentales.

Jueves negro: día gafado, fatal, nefasto.

Dinero negro: dinero ilegalmente adquirido. Se habla de *blanquearlo* para referirse a canalizarlo por vías legales.

Tarjeta roja: tarjeta de llamada de atención o amonestación que usan los árbitros.

6.

EXPRESIONES

Le llamaron la atención y se puso rojo de vergüenza/ como un tomate.

Ha estado un mes en la playa y está más negro que un tizón.

No sé cómo te las arreglas para estar siempre en números rojos a final de mes.

Le puso morado un ojo por insultar a su madre.

Están verdes de envidia desde que se enteraron de que os ibais de vacaciones a Brasil.

Está blanco como el papel/ como una pared. Creo que le ha dado una lipotimia.

Había pasado toda la noche estudiando pero al llegar al examen se quedó (estaba) en blanco.

Todavía hay gente que se cree que es importante tener (ser de) sangre azul.

Los príncipes azules sólo existen en los cuentos.

Poner verde a los demás es su pasatiempo favorito. Se ve que no tiene nada importante que hacer.

Le encanta contar chistes verdes, pero se pone colorada cuando los cuentan los demás.

Es un viejo verde. Lanza miradas obscenas a cada chica que pasa a su lado.

Estamos muy verdes aún.Tenemos mucho que aprender.

La situación laboral está muy negra/la veo muy negra.

No soporto que me den más órdenes. Estoy negro de tanto trabajar.

Los últimos acontecimientos ya pasan de castaño oscuro.

7. ETIMOLOGÍAS

- *A buenas horas mangas verdes*

  Los Cuadrilleros de la Santa Hermandad, cuerpo de seguridad insti-
  tuido en la época de los Reyes Católicos (siglo XV) y cuyo uniforme se
  distinguía por las mangas verdes, tenían fama de impuntualidad, pues
  según las crónicas siempre llegaban a prestar auxilio cuando el problema estaba resuelto o no tenía remedio. Hoy se refiere al auxilio que
  llega demasiado tarde.

- *Estar sin blanca*

  Significa que no se tiene dinero. Su origen está en una moneda caste-
  llana de plata, la blanca, acuñada entre los siglos XIV y XVII y que fue
  perdiendo progresivamente su valor inicial y su contenido en plata.

- *Tener la negra*

  Esta expresión indica que se tiene una racha de mala suerte. Podría
  provenir del mito de las Parcas, diosas infernales que decidían sobre la
  vida de los mortales e hilaban lana blanca para las vidas felices y largas,
  y lana negra para las vidas desafortunadas.

- *Pasar la noche en blanco*

  El origen de esta expresión data de la vigilia que los aspirantes a
  ingresar en una orden de caballería tenían que soportar velando las
  armas la noche anterior a la ceremonia de ser armados caballeros, y en
  la que llevaban vestiduras blancas tras recibir la eucaristía, todo ello
  como símbolo de pureza espiritual. Hoy se hace referencia con esas
  palabras a pasar la noche sin dormir.

8. GAZAPO

❏ En el español de Colombia hay grandes diferencias con respecto al
español centroamericano.

9. MODELO

JEFE.- Mira, Puri, llevo toda la mañana desesperado porque no recibo una
llamada importantísima que estoy esperando y te encuentro con el
teléfono descolgado, tan entretenida, hablando con tus amigos.

SECRETARIA.-Pero don José, usted *sabe que yo hago* lo que usted diga, pero es
que hoy tenía unos chismes sabrosísimos que contarle a...

JEFE.-Pero bueno, y ese señor de ahí, ¿quién es?¿No sabes que
esto es una oficina y aquí se trabaja?

SECRETARIA.-Ay, don José, *no creo que sea* para tanto, es mi
hermano, que me ha venido a ver, y lo he invitado a
café

67

BARBARISMOS

⚙ IRONÍA

El autor intenta ridiculizar el esnobismo de las personas que se dejan arrastrar por las modas y consideran que al utilizar constantemente expresiones inglesas van a ser consideradas modernas y elegantes, sin tener en cuenta lo gregario y absurdo de esa actitud de servilismo cultural hacia la lengua que corresponde a la economía dominante. Su ironía se puede observar en las expresiones que siguen:

- *Estuvimos hablando en prosa sin enterarnos.*
- *Yo mismo hice* aerobic *muchas veces pero en mi ignorancia creía que hacía gimnasia.*
- *No es lo mismo decir* bacon *que tocino aunque tenga igual de grasa.*
- *Las cosas, en otro idioma, mejoran mucho.*
- *Ya no nos ponemos ropa, sino marcas.*
- *Nos ponemos* after-shave*, que aunque parezca lo mismo, deja más fresca la cara.*

⚙ ESTRUCTURAS SUSTANTIVAS

➲ *Creer que (no)* + INDICATIVO:
Creía que hacía gimnasia.
Creo que no hay nadie que nos iguale.

➲ *No es que* + subjuntivo; *es que* + indicativo:
No es que seamos modernos, es que estamos a años luz de los mismísimos americanos.

⚙ EQUIVALENCIAS

tickets	➤	entradas
compacts	➤	compactos
kleenex	➤	pañuelos de papel
sandwich	➤	bocadillo
pub	➤	bar, discoteca
groggies	➤	atontados
after-shave	➤	loción para después del afeitado

ser *in*	➤	estar a la moda
public-relations	➤	relaciones públicas
hacer business a Holland	➤	hacer negocios a Holanda
mailings	➤	listados para el correo
trainings	➤	entrenamientos
pressbooks	➤	libros para la prensa
gim-jazz	➤	gimnasia
jet	➤	alta sociedad
hacerse liftings	➤	hacerse cirugía estética facial, *estirarse* la cara
top-model	➤	modelo de alta costura
body-fitness	➤	culturismo
yogourt	➤	yogur
cosas light	➤	cosas bajas en calorías
cosa *out*	➤	cosa que no está de moda
cocktail	➤	cóctel
bitter	➤	bíter
roastbeef	➤	rosbif
interviews	➤	entrevistas
magazines	➤	programa de variedades
O.K.	➤	de acuerdo
show	➤	espectáculo
show heavy	➤	espectáculo duro
reality show	➤	espectáculo de hechos reales
spots	➤	anuncios
(hacer) zapping	➤	cambiar de canal

⚙ *HACER*: EXPRESIONES

VALORES

Hacer borrón y cuenta nueva: recomenzar desde cero, olvidando lo anterior.

Hacer castillos en el aire: fantasear, concebir ilusiones que pueden no cumplirse.

Hacer de tripas corazón: tolerar o hacer algo disimulando o soportando el disgusto que se siente hacia ello.

Hacer la cama a alguien: preparar una trampa, engañar.

Hacer la pascua: fastidiar.
Hacer leña del árbol caído: ensañarse contra alguien derrotado.
Hacer la rosca: adular.

⊛ USOS

➲ No pienses más en el robo. Debes *hacer de tripas corazón* y seguir adelante.

➲ Ya sabemos que merecía esa sanción por su absentismo laboral, pero no hay que *hacer leña del árbol caído* sino ayudarle a superar esta crisis.

➲ Su jefe siempre le está *haciendo la pascua*. Cada vez que programa un viaje encuentra para él una tarea ineludible y se queda en tierra.

➲ No necesito que me *hagas la rosca*. Con pedirme el coche directamente es suficiente, ya sabes que no tengo ningún problema en prestártelo.

➲ A los idealistas nos encanta *hacer castillos en el aire*. Si las cosas después salen mal, que nos quiten lo bailado.

➲ Cuando la invitaron a tomarse unos días de vacaciones no se dio cuenta de que le estaban *haciendo la cama*. Al volver se encontró a otra persona en su puesto.

➲ Vale, olvidaré esta discusión. *Hagamos borrón y cuenta nueva*.

⊛ EXPRESIONES

• *la prueba del algodón*: la prueba definitiva y decisiva; hace referencia a un conocido anuncio televisivo de detergente.

• *por si acaso*: por si ocurre algún suceso imprevisto.

• *tampoco le va a la zaga*: tampoco se queda corto, tampoco es menos.

• *aparezcan los mismos y con los mismos collares*: la expresión *el mismo perro con distinto collar* hace referencia al hecho de que a veces nos intentan engañar dándonos lo mismo pero con distinta apariencia; aquí el juego de palabras enfatiza dicha expresión, pues es el colmo que además no se intente disimular.

• *la cosa cutre*: lo tosco y de mal gusto, descuidado, sucio, de mala calidad, miserable.

LITERATURA

⟐ TÍTULO

Es una variante de la expresión *hasta verte, Jesús mío*, que se usa al efectuar un brindis. Se pronuncia en el momento de chocar los vasos y parece que se debe a que algunos vasos de cerámica de Talavera, que se usaban en los conventos de frailes, tenían pintado en el fondo la imagen de Cristo, que se veía al beber el vino.

⟐ JUICIOS DE VALOR + SUBJUNTIVO

Es probable que sea una mujer pobre acostumbrada a luchar por la supervivencia a partir de sus propios medios y de una ingenua picaresca. Es lógico que se queje de su miseria y critique el mundo en que le ha tocado vivir. Es increíble que ocurran sucesos tan injustos como los que ella relata.

⟐ EXPRESIONES

- *llenar el buche*: comer.
- *los corrieron*: los echaron.
- *nomás*: *Am.* solamente.
- *compañeros de banqueta*: se refiere a que sus puestos de venta callejeros están juntos; en México y Guatemala *banqueta* significa 'acera'.
- *rentar un pedazo de baldío*: *rentar* significa tanto 'producir beneficio' como 'alquilar, arrendar'; aquí se hace referencia a la segunda acepción, al arrendamiento de un pedazo de terreno estéril.
- *trompudo*: aumentativo de trompa, nariz del elefante y, en América, también de otros animales (aquí despectivo referido a persona).

⟐ SUBJUNTIVO

- *Ya quisiera encontrarme...*: 'me encantaría, querría encontrarme...'; imperfecto de subjuntivo de *querer* equivalente al condicional simple de indicativo.
- *Pedir que me bajen*: verbo de influencia + SUBJUNTIVO.
- *Me dijeron que no me apurara...que me fuera*: el verbo *decir* puede funcionar según la regla I ('pedir') y la II ('comunicar'); aquí se trata del primer valor.
- *Eso de que durmiera debajo de un techo*: la expresión *eso de que*, al igual que *el hecho de que*, suele ir seguida de subjuntivo.

71

- *Por más agua que le echaran al caldo*: se trata de una estructura concesiva; puede ir con indicativo o subjuntivo (v. unidad 8).
- *Según los que salieran*: estructura de relativo con antecedente indeterminado + SUBJUNTIVO.
- *Ordenó que se salieran*: verbo de mandato + SUBJUNTIVO.
- *No hubo quien la reclamara*: estructura de relativo con subjuntivo porque se niega el antecedente.
- *El trompudo ordenó que nos echaran*: verbo de mandato + SUBJUNTIVO.

◖ CONCORDANCIA

Era un montón de familias las que se acomodaron en esos llanos.
Se trata de concordancia por el sentido, *era* concuerda con *un montón* en singular, pero *familias* concuerda con *acomodaron* en plural; a pesar de la aparente incongruencia, es un fenómeno frecuente en el habla coloquial y descuidada, que es la que este texto intenta reproducir.

◖ SUSTITUCIÓN

- *no me apurara*: no me inquietara.
- *acomodaba unos pedazos de tabla*: colocaba unos trozos de madera.
- *me convidaron a lavar*: me invitaron a limpiar.
- *corrientes*: vulgares.

◖ DIMINUTIVOS Y AUMENTATIVOS

- TEXTO

   Los diminutivos afectivos son especialmente frecuentes en el español de América (*comodina, calorcito, casita, pedacitos, chiquitos*); *trompudo* es un aumentativo con valor despectivo.

- FRAGMENTOS

   →*torazo bravucón, actitud chulesca y bravucona, decretazo*:
      aumentativos irónicos o despectivos.
   →*famosillos, hidalgüelo*:
      diminutivos irónicos o despectivos.
   →*charquito*:
      diminutivo afectivo (más frecuente en el español americano que en el peninsular; recuérdese que el dibujante, Quino, es argentino y que los personajes son niños).

72

IMPERIALISMO VERDE

☛ (a) Las fuerzas opuestas a los derechos de los indígenas y a la conservación de la Amazonia brasileña quieren ocupar el territorio con la excusa de asegurar su defensa.

☛ (a) El presidente francés, al sugerir que un organismo internacional administrara la Amazonia, sólo consiguió que toda la sociedad brasileña se opusiera.

☛ (b) Un ministro recordó que los países ricos eran responsables de la contaminación mundial.

☛ (c) Los indígenas necesitan que se defiendan sus derechos.

C^l_aves

Unidad
7

Situaciones

❶ ESTILO INDIRECTO: MODELO

El profesor preguntó si..

Un alumno respondió inmediatamente que...

LÉXICO

- *individuo*: persona.
- *incógnita*: causa o razón oculta de un hecho.
- *indulgente*: que perdona con facilidad.
- *indómito*: que no puede ser domado.
- *inventario*: lista de bienes que pertenecen a una persona o grupo de personas.
- *infamia*: maldad, vileza.
- *incordiar*: molestar.
- *incólume*: sano, sin lesión.
- *insomnio*: vigilia, desvelo.
- *inflación*: excesiva emisión de billetes en reemplazo de moneda.
- *incremento*: aumento.
- *insulso*: insípido, falto de gracia.
- *impecable*: sin defectos, perfecto.

② ESTILO DIRECTO

El sillón alegó: "La silla ha sido la culpable de todo, pues se desnudó por propia iniciativa mientras yo conversaba por teléfono".

La silla dijo: "Ha sido una violación".

El juez declaró: "El reo es culpable".

❸ ESTILO DIRECTO Y SUBJUNTIVO

- ¿A quién le importa quién sea el próximo rey de Inglaterra?
- Y qué sé yo qué más diga.
- No importa en absoluto cuáles sean.

④ VALORES DE LAS EXPRESIONES

a duras penas: difícilmente.

a punta de pala: en cantidades exageradas.

caérsele a alguien los anillos: creer que se pierde la dignidad por hacer algo.

como los chorros del oro: muy limpio y reluciente.

con el corazón en la mano: francamente, de un modo muy sincero.

echar una mano: ayudar.

echar los hígados: esforzarse excesivamente.

en resumidas cuentas: en conclusión.

liarse la manta a la cabeza: aventurarse a tomar una decisión arriesgada.

lo comido por lo servido: obtener como recompensa del trabajo lo justo para la manutención.

tomar a risa: no considerar seriamente.

VIÑETAS

Cada mañana se pregunta por qué le dejan tanta ropa sucia por los suelos; a duras penas puede sobrellevar tanto trabajo. No sabe si le compensa ese empleo tan mal pagado en que le dan lo comido por lo servido, mientras ella echa los hígados lavando de sol a sol. Le dice a Dios lo que piensa con el corazón en la mano y éste le ofrece una solución inmediata...

❺ PARECER

Véase el cuadro de la página 133 del Método.

 7.1.

1. llegaras (hubieras llegado); 2. llamaba; 3. no has revisado; 4. revises; 5. te vaya, te va; 6. hagamos; 7. harán, hacen; 8. hagan; 9. había ocurrido, ocurría; 10. fuéramos; 11. viniéramos; 12. había ganado; 13. has utilizado, utilizas, estás utilizando; 14. completes; 15. fuera (sería); 16. necesitábamos; 17. te hayas ofendido; 18. es (sea); 19. era; 20. fuera; 21. signifique (significa); 22. soluciona (solucione); 23. vayan; 24. deben; 25. se ocupe; 26. reflexionarán (están reflexionando); 27. la visitara; 28. se mudaría (se mudará); 29. nos vayamos; 30. estamos.
31. No me gusta que me *digan* lo que tengo que hacer.
32. (Correcta).
33. Es una pesadez que *estén* constantemente hablando del mismo tema.
34. Las autoridades sanitarias exigen que no se *usen* conservantes artificiales.
35. (Correcta).
36. No me extraña que *hayan* cerrado ese tramo del metro. Hace tiempo que necesitaba reformas.
37. (Correcta).
38. No digas que no *aceptas* porque te arrepentirás.
39. (Correcta).
40. Te recuerdo que *fuiste* tú quien propuso venir aquí.
41. (Correcta).
42. Es posible que *hayan* cerrado el museo de arte contemporáneo.
43. (Correcta).
44. (Correcta).
45. Me encanta que *estés* tan feliz.

7.2.

1. Cuando vio lo que ocurría pensó que no era posible, que debía de ser una pesadilla.
2. El bedel había informado a los alumnos de que el profesor había llamado para avisar de que ese día no podría ir.
3. Pensaba que parecía imposible llegar hasta el final pero que al fin lo había logrado.
4. Cuando la vio le preguntó si no estaba de baja por enfermedad/le dijo que creía que estaba de baja por enfermedad.
5. Poco después, el altavoz anunciaría que el vuelo 727 procedente de Berlín llegaría con una hora de retraso.
6. El conferenciante, ante la polémica suscitada, matizó que no quería que se interpretara su opinión como una postura radical.
7. Comentó que le gustaría visitarla pero que creía que no quería recibir a nadie.
8. Señaló a su compañero que le habría gustado que lo hiciera mejor pero que ya no tenía remedio.
9. Cuando entren los actores, les ordenarás que salgan inmediatamente de la sala.
10. El detenido había suplicado que lo dejaran irse (que dejaran que se fuera) y había jurado (juró) que era inocente.
11. El fiscal le inquirió que por qué intentaba encubrir a los culpables.
12. Contestó airado que no pensaba escuchar más tonterías y se despidió.
13. Cuando vio que su número estaba premiado exclamó, loco de alegría, que le parecía un sueño.
14. La moderadora de la mesa redonda había insistido cortésmente, por enésima vez, en que debían respetar su turno de intervención.
15. En la rueda de prensa, uno de los periodistas preguntó al ministro si podía garantizar que esa medida no deterioraría las relaciones con nuestros (sus) aliados comerciales.

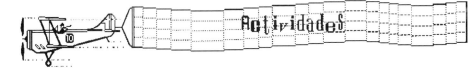

1. ESTILO INDIRECTO: TEXTO DE RODOLFO USIGLI

MODELO

Carlota pide a Max que no explote sentimientos de familia...
Maximiliano le pregunta si no es allí donde...

.....

78

2.

El protagonista cree que su amigo se asemeja a una tortuga.
Se pregunta si no se ha dado cuenta del parecido de esa mujer con un avestruz.
Imagina que ese señor es igual que un cerdo.
Se da cuenta de que al llegar a casa él se transforma en un minúsculo ratón sometido a los designos de una gata autoritaria, su mujer...

3.

EXPRESIONES

- *ir a paso de tortuga*: ir muy lentamente.
- *esconder la cabeza como un avestruz*: actuar como un cobarde, no afrontar los problemas.
- *comer como un cerdo*: comer sin respetar las normas de educación.
  ser más pesado que matar un cerdo a besos: ser pesadísimo.
  ser un cerdo: ser malintencionado.
- *ser un ratón de biblioteca*: ser extremadamente estudioso.
  ser un rata: ser tacaño.
  ser rata de hotel : ser un ladrón.
  ser rata de sacristía: beato,-a.
- *haber gato encerrado* : haber una causa o razón oculta. El origen de esta expresión parece estar en la bolsa de dinero hecha con piel de gato usada antiguamente y a menudo oculta en un escondite.

OTRAS

- *tiempo de vacas flacas*: tiempo de escasez o pobreza.
- *tener la mosca detrás de la oreja*: sospechar que algo malo está ocurriendo.
- *meter gato por liebre*: engañar.
- *machacar como a una cucaracha:* fig. destruir completamente.
- *canguro*: persona que cuida niños a domicilio y cobra por horas.
- *vista de pájaro*: vista que abarca y alcanza mucho.
- *tener una memoria de elefante*: tener muy buena memoria.
- *tener un cerebro de mosquito*: ser poco inteligente.
- *divertirse como un oso:* divertirse mucho; *hacer el oso:* hacer el tonto.
- *aburrirse como una ostra*: aburrirse profundamente.

4.

ANIMALES

❏ *bestia*: bruto, inculto.
❏ *borrego*: sin personalidad, gregario.
❏ *burro*: persona poco inteligente.

79

❏ *buitre*: aprovechado, gorrón.

❏ *cacatúa*: mujer vieja, fea o ridícula.

❏ *besugo*: imbécil.

❏ *ganso*: vago.

❏ *gallinero*: localidades más altas (y baratas) del teatro.

❏ *gorila*: guardaespaldas.

❏ *loro*: transistor.

❏ *perras*: dinero.

❏ *rata*: tacaño.

❏ *mosquita muerta*: persona aparentemente inofensiva pero dañina.

❏ *gallina*: cobarde.

5.

EXPRESIONES

no ver tres en un burro: no tener visibilidad, ver muy mal.

marear la perdiz: andar con rodeos, no centrarse en el asunto del que se trata.

como el perro y el gato: peleándose, riñendo.

ser más lento que el caballo del malo: ser extremadamente lento.

sonrisa de conejo: sonrisa falsa o aduladora.

ser una fiera: ser muy eficaz.

poner la carne de gallina: estremecer.

llevarse el gato al agua: vencer en una pugna.

matar el gusanillo: calmar el apetito.

quedarse pajarito: tener mucho frío.

subírsele el pavo a alguien: sonrojarse.

como pez en el agua: muy cómodo en un ambiente.

USOS

• Ponte un abrigo o *te quedarás pajarito*.

• Es muy hipócrita y siempre saluda con *sonrisa de conejo*.

• Aunque son hermanos siempre están *como el perro y el gato*.

• Anda enamorada de él. Cada vez que lo ve *se le sube el pavo*.

• A ver si terminas ya, que *eres más lento que el caballo del malo*.

• Por favor, tráeme las gafas, que *no veo tres en un burro*.

• Deja de *marear la perdiz* y vete al grano, que no tenemos mucho tiempo.

• Siempre que discute quiere ser él quien *se lleva el gato al agua*. No soporta que le lleven la contraria.

- Aunque es temprano, yo ya tengo hambre. Podríamos tomar un aperitivo para *matar el gusanillo*.
- Le encantan los niños. Con ellos se encuentra *como pez en el agua*.
- Lo acabará en seguida; ya sabes que *es una fiera*.
- Cuando informaron de la tragedia *se nos puso la piel (carne) de gallina*.

6.

GAZAPO

❏ En el español de Venezuela se utiliza el voseo de forma generalizada. (Lo cierto es que se da sólo en ciertas zonas limítrofes con Colombia).

SEXISMO

⚙ ESTILO INDIRECTO

Espetó: "¿qué piensa usted...?" ➤	Le preguntó de pronto qué pensaba...
Él la redujo con una simple contestación: "Lea mis libros" ➤	Le contestó que leyera...
"Saber cómo...", escribió la condesa de Loynes ➤	La condesa escribió que saber cómo...
Se dirigió a él: "¿No piensa usted...?" ➤	Le preguntó si no pensaba que su estilo machista...
Aclaró sin inmutarse: "Usted sabrá..." ➤	Le aclaró que el machismo, como ella debía saber, ...
"¿Quiere que siga?", continuó ➤	Le preguntó si quería que siguiera...
"Pese a que muchas permanecen calladas..." ➤	Comentó que pese a que muchas permanecen calladas...
Intentó seguir..: "Pero no nos negará usted la utilidad del movimiento feminista..." ➤	Ella le sugiere que gracias al movimiento feminista...
No dejó terminar a la ya irritada moderadora. "Mire usted, las feministas son peores que los bolcheviques..." ➤	Él contesta que las feministas son peores...

⚙ GALICISMOS

Charme es 'encanto', *madame* es 'señora', *boutade* es 'humorada, ocurrencia mordaz'; supuestamente la autora usa estos términos en concordancia con los ambientes que está reflejando en su artículo: salones del XVIII francés.

○ EXPRESIONES

a tumba abierta: decididamente, aceptando todos los riesgos.

a primer golpe de vista: a primera vista, desde el primer momento.

pasado de moda: que ya no se usa.

por lo bajito: en voz baja.

poner punto y final: acabar drástica o tajantemente.

estar de mal café: estar de mal humor.

mala sangre: mal humor.

cambiar la (cara a la) tortilla: cambiar diametralmente, dar un giro de 180 grados.

○ CONSTRUCCIONES SUSTANTIVAS

Se cuenta que Gabriele d'Annunzio asistió una noche....

Sintió que había llegado el momento álgido

Dicen que dio en el clavo

Viendo que pasaba el tiempo

¿No piensa usted que su estilo machista está ya un poco pasado de moda?

Usted sabrá que el machismo es...

¿Quiere que siga?

Reconocen que el sistema les oprime

No dejó terminar a la señora

Si usted quiere ser una escritora interesante

Es necesario que una parte de su ser sea antisocial

○ EXPRESIONES CON DAR

dar en la cresta: humillar.

dar mala espina: hacer sospechar algo malo.

dar la talla: estar a la altura de las circunstancias.

dar calabazas: rechazar una proposición amorosa.

dar carta blanca: dar plena libertad para hacer algo.

dar de lado: rechazar, abandonar.

dar la cara: afrontar la situación.

dar la nota: llamar la atención con un comportamiento determinado.

dar palos de ciego: estar desorientado, actuar a tientas y sin efectividad.

dar rienda suelta: liberar.

dar esquinazo: engañar, despistar.
dar por sentado: considerar a priori algo como cierto o seguro.

✪ USOS
- No deberían encargarle a él esa tarea tan complicada. No creo que pueda *dar la talla.*
- El fugitivo estuvo a punto de ser atrapado pero al final *dio esquinazo* a sus perseguidores.
- Te *daremos carta blanca* en el asunto. Tienes plena libertad para llevarlo adelante como mejor te parezca.
- Tiene muy poco éxito con las chicas. Al final todas acaban *dándole calabazas.*
- Siempre ha tenido una actitud arribista en la empresa pero *le han dado en la cresta* cuando han nombrado subdirector a su peor enemigo.
- No es bueno controlarse tanto. Hay que *dar rienda suelta* a los sentimientos.
- Llamar la atención es su mayor debilidad. Le encanta *dar la nota.*
- Está muy deprimido. Le *han dado de lado* incluso sus mejores amigos.
- Me *da mala espina* que estén tan callados. Seguro que están tramando algo.
- No te puedes escaquear. Si no *das la cara* las consecuencias serán mucho peores.
- Estamos muy desorientados. Llevamos mucho tiempo *dando palos de ciego* y sin llegar a ninguna conclusión satisfactoria.
- Es injusto que hayan tomado una decisión sin preguntar nuestra opinión y *dando por sentado* que nos parecería bien.

∞ ∞ **LITERATURA** ∞ ∞ ∞ ∞ ∞ ∞ ∞ ∞ ∞∞∞ ∞ ∞ ∞ ∞ ∞ ∞ ∞ ∞

&. MODELO
El director le previene: " Nada de argentinismos..."
El alumno le pregunta: "¿La referencia al maestro salmantino no será...?"

&.

chamaco	➤	Centroamérica, México
patojo	➤	Guatemala
cipote	➤	El Salvador
chico	➤	Cuba, Panamá
pelado	➤	Colombia
pibe	➤	Argentina
cabro	➤	Chile

83

EXPRESIONES COLOQUIALES

lo toman medio por lástima: les da pena o lástima.
hacer papelones: hacer el ridículo.
en un santiamén: en un momento, en un instante.
al primer che que le pesque: en cuanto me dé cuenta de que dice *che*
que sus buenos francos les han costado: que les ha costado mucho dinero
a ver si encuentra algo más sencillo, digamos algo típico: intente encontrar
algo más sencillo, por ejemplo algo típico.

EXPRESIONES CON *METER*

VALORES

meter la cuchara: inmiscuirse, entrometerse.
meter la pata: equivocarse.
meterse a alguien en el bolsillo: ganarse a alguien por medio de la simpatía
u otras cualidades.
meterse alguien en su concha: aislarse, apartarse del trato con los demás.
meterse en camisa de once varas: meterse donde no se debe, en un lío o
problema.
meterse por el ojo de una aguja: ser muy listo.

USOS

- Estoy arrepentido de haber aceptado ese trabajo; es demasiado difícil.
  Me he metido en camisa de once varas.
- No debías haber dicho eso delante del director, *has metido la pata*. Ya no
  volverá a contar contigo como antes.
- Desde que murió su madre *se ha metido en su concha* y no quiere ver a
  nadie. Está muy mal.
- Es un chico muy avispado, es capaz de *meterse por el ojo de una aguja*.
- No *metas la cuchara* en este tema, no te hemos pedido tu opinión.
- Es la persona más encantadora que he conocido nunca. Tiene un don
  especial para *meterse en el bolsillo* a la gente.

- ☞ *(b) La primera corrida se produjo en el siglo XI.*
- ☞ *(b) Antiguamente, antes de las bodas, el novio conducía a un toro hasta la casa de su futura esposa.*
- ☞ *(a) El ritual se basaba en la consideración del toro como símbolo de fecundidad.*
- ☞ *(c) Capa, banderillas y muleta son instrumentos para ejecutar la corrida.*

Claves

Unidad 8

Situaciones

❶ ORACIONES CONCESIVAS
- Los mármoles volverán a Grecia (...)aunque sólo fuera eso (así sea sólo eso) lo que consiga...
- A poco que (por poco que)se conozca el carácter esencial...
- Por mucho que se empeñen (a pesar de que se empeñen mucho)...
- La sequía continúa en niveles preocupantes aunque se hayan suprimido(pese a que se hayan suprimido) las restricciones...
- Afrontemos la realidad por muy dura que sea(aunque sea muy dura).
- Por más que (a pesar de que) nos creamos superiores, el hombre sigue siendo fiel reflejo de la naturaleza...
- Trabajamos a favor de la sociedad aunque exista (pese a que exista) una tendencia a tratarnos como puros dinosaurios...

② ORACIONES TEMPORALES
- Tan pronto como (en cuanto) Eddie cuele los espaguetis.
- Unos lo hacen por motivos científicos, mientras que otros (otros en cambio) buscan dinero.
- A medida que (conforme) ha ido pasando el tiempo...
- Cuando (una vez que) el ínfimo resplandor de la humanidad se haya apagado...

ORACIONES CONDICIONALES
- Como (en caso de que) no vea pronto a uno...
- En caso de que no se pueda (si no se puede) especular, el artista tendrá que hacer algo en serio.
- Como pille (si pillo) al que me ha robado la cartera...
- Si se considera (como se considere) la relatividad del tiempo...

 8.1.

1. ser; 2. no te llaman/te llaman; 3. me hubiera dicho; 4. te hace, te hiciera; 5. vuelvas; 6. ajustara; 7. ellos hagan; 8. comentáramos; 9. me ayudes; 10. vuelva, volviera; 11. tuviera; 12. quisieras; 13. llegan, llegaran; 14. hubiera, haya; 15. seas.

16. Si yo tuviera más suerte no me habría pasado esto.

17. Si habéis terminado podéis abandonar el aula.
18. Como nos delates no te volveremos a dirigir la palabra.
19. Que estás cómodo, te quedas; que estás a disgusto, te vas.
20. En caso de que hagan bien el 50% del examen, aprobarán.
21. Pintaremos la verja a cambio de que nos prepares una buena merienda.
22. Como sigas así perderás a todos tus amigos.
23. Volveremos a ayudarte siempre y cuando sea la última vez que te metes en líos.
24. Celebraremos juntos nuestro cumpleaños si estás de acuerdo.
25. Llamad otra vez por si ya ha llegado.
26. Seguiré creyendo en él mientras no me decepcione.
27. Si nos cuentas el secreto no se lo diremos a nadie.
28. Te prestaré esos libros a condición de que los cuides.
29. En caso de que apruebe el curso su padre le regalará un viaje fabuloso.
30. Yo fregaré los platos a cambio de que tú saques a pasear al perro.

31. como; 32. de; 33. con que; 34. a cambio de que; 35. a no ser que; 36. si; 37. a menos que; 38. que/que; 39. si; 40. como; 41. por si; 42. a condición de que; 43. siempre y cuando; 44. como; 45. de.

✏️ 8.2.

1. llegar; 2. has terminado; 3. sepáis; 4. vengarse; 5. lo acusa; 6. vayan entregando; 7. se vieron; 8. llegue; 9. saber, que sepas; 10. dejen; 11. me escuchen; 12. salir; 13. viajo; 14. se llenaba; 15. cenar.

16. No darán su consentimiento mientras no *estén seguros de lo que les hemos dicho.*
17. A medida que *iba anocheciendo* la ciudad *adquiría un encanto especial.*
18. Los huelguistas anunciaron su intención de mantener su postura. Entre tanto *los sindicatos continuaban las negociaciones.*
19. Después de *llegar a un acuerdo definitivo* todos se retiraron *para descansar.*
20. Siempre que *los veo* por la calle *me saludan afectuosamente.*
21. No lo pudo creer hasta que *lo vio con sus propios ojos.*
22. Aprovecharemos la ocasión antes de que *se arrepientan de las concesiones que nos han hecho.*
23. Una vez que te *hayas repuesto de tu enfermedad* podrás *venir con nosotros de acampada.*
24. Nos encontramos frente a frente al *cruzar el paso de cebra.*
25. Nos recomendaron *que nos inscribiéramos* tan pronto como *se abrieran las oficinas.*

26. Ahora que ya los conoces *puedes hacerte una idea de lo que significan para mí.*
27. Estuvo nadando hasta que *le flaquearon las fuerzas* y afortunadamente *para entonces ya había llegado cerca de la costa y pudo ser rescatada.*
28. No dudes en llamarme cuando *te sientas triste.*
29. Mañana, cuando *me veas,* recuérdame *que te devuelva el libro que me prestaste.*
30. Mientras *piense de esta manera* seguiré actuando así.
31. Una vez que hayan terminado se despedirán con bastante frialdad.
32. Apenas llegue al hotel, le informarán del trágico suceso.
33. Cuando termine sus estudios en el instituto empezará a trabajar para pagarse la universidad.
34. Nada más verla se echará a llorar de emoción.
35. No bien haya anochecido, saldrá a la calle protegido por la oscuridad en busca de un refugio más seguro.
36. En cuanto me acueste me quedaré dormida como un tronco. Estoy cansadísima.
37. Cuando se den cuenta de lo tarde que es se dispondrán a concluir el trabajo a marchas forzadas.
38. Siempre que los vea los tratará con frialdad. Nunca les perdonará lo que le han hecho.
39. Mientras resuelva estos asuntos tu puedes (podrás) contestar las cartas pendientes.
40. Nos iremos antes de que nos echen.
41. Nada más descubrir el fraude, la policía tomará medidas urgentes.
42. Antes de irse firmará en el libro de honor.
43. Apenas regresen, decidirán repetir la experienca de hacer un crucero en un futuro próximo.
44. El insistirá en que es inocente, mientras que su secretario demostrará su culpabilidad.
45. Me tomaré unos días libres en cuanto me sea posible.

8.3.

1. diciéndomelo; 2. trabajes; 3. me lo supliques; 4. sabe; 5. llevan; 6. me guste (gusta); 7. era (sería); 8. tenía; 9. te parezca; 10. perder; 11. escribimos; 12. creía (creyera); 13. intentes; 14. era; 15. lo haga.

16. Aunque tengas mucho trabajo deberías atender más a tu familia.
17. Aunque no pueda financiar de momento el proyecto, es una pena que lo abandone.
18. Aunque haga mal tiempo yo siempre voy caminando al trabajo.
19. Por muy poca comida que haya nos las arreglaremos.
20. Aunque no vengas, no importa; ya casi hemos terminado.
21. Aunque no sabe nadar sabe mantenerse a flote.
22. Por mucho que insistas no lo harán.
23. Pese a que no hemos regado las plantas en quince días no se han secado.
24. Pese a haber aprobado la oposición no se sentía satisfecha con la nota obtenida.
25. Han venido aun a sabiendas de que no queremos verlos.
26. Aunque los bandos beligerantes se han comprometido a respetar la tregua, la guerra no ha terminado.
27. Aún añora el sabor de la nicotina, y eso que dejó de fumar hace cinco años.
28. Pese a que está bastante enfermo su familia tiene la esperanza de que se recupere.
29. Inauguran mañana la exposición pese a que dos de los cuadros más importantes han sido robados.
30. A pesar de que ya no están juntos él sigue enviándole flores cada doce de abril.
31. Aunque ha conseguido una medalla olímpica casi nadie lo conoce.
32. No era una buena persona, pese a que había financiado muchas obras de caridad.
33. Aunque era muy importante lo que tenía que decir, nadie lo escuchó.
34. A pesar de estar muy cansado no ha rechazado nuestra invitación para ir a bailar.
35. Aunque tenía muchas cosas que hacer se pasó la tarde jugando al dominó.
36. A pesar de ser muy mayor tiene el espíritu de un quinceañero.
37. Aunque hayas dicho la verdad yo no puedo creerte.
38. Pese a que había estado en la guerra nunca lo mencionó.
39. A pesar de ser tímido habla por los codos (aquí se pierde el tono irónico de la frase original).
40. Aunque ha tenido problemas graves es un prodigio de buen humor.
41. Pese a que es muy tarde yo no me resisto a quedarme para ver el final del partido.
42. Pese a tener mucho dinero vive como un miserable.
43. Aunque había sido muy buen estudiante, como profesional era lamentable.
44. Por más errores que haya cometido merece una oportunidad.
45. Por muy borracho que estuviera se controlaba muy bien.

46. Que viene, le informamos de lo ocurrido; que no *viene*, dejamos que se entere por sí solo.
47. (Correcta).
48. Los guerrilleros entregaron sus armas conforme *fueron* llegando a la frontera.
49. (Correcta).
50. Cada vez que se *equivocaba* me pedía ayuda.
51. A pesar de lo tarde que *era*, telefoneamos para confirmar la noticia.
52. (Correcta).
53. Yo limpio el coche a cambio de que tú *riegues* el jardín.
54. (Correcta).
55. Si *hicieras* lo que te aconsejan te iría mejor.
56. (Correcta).
57. Conforme *llegaron* se fueron presentando.
58. (Correcta).
59. (Correcta).
60. Por poco que *estudiara* siempre sacaba buenas notas.

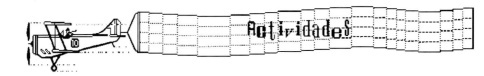

1. MODELO
- ¿Sabes que Margarita está embarazada?
- Eso no es posible; **si estuviera** esperando un niño no habría estado ayer con nosotros tomando copas en el bar de la esquina.

2. MODELO
- **Tan pronto como subamos** al coche deberás arrancar a toda velocidad y sin mirar atrás.
- Pues tú tendrás que correr **en cuanto tengas** todo el dinero.

3. MODELOS

I.

• VENDEDOR: **Si me compra** esta peluca azul podrá ir a la última moda de París.

• CLIENTE: No usaría esa porquería **aunque me la regalara**...

II.

• NAVAJERO: La cartera o te rajo.

• VÍCTIMA: Te la doy **si antes me contestas** a algunas preguntas. Estoy haciendo un reportaje sobre delincuencia juvenil...

4. Susanita, mientras juega con su muñeco, sueña que **cuando sea** mayor tendrá un niño precioso y **cuando** éste **termine** la carrera de medicina colmará su orgullo de madre. Pero también imagina que sufrirá mucho **si** su hijo tiene novia y la rabia le hace romper el juguete **a pesar de que era** su favorito.

5. EXTRANJERISMOS

❏ *chic*: elegante.

❏ *capo*: jefe (referido aquí a bandas de narcotraficantes).

❏ *leasing* : arrendamiento, alquiler.

❏ *boom*: explosión, expansión (económica, en este contexto).

❏ *bluff*: engaño, farol.

❏ *ranking:* escala.

❏ *voyeurismo*: excitarse contemplarndo las actividades sexuales de otros.

❏ *rentrée*: retorno.

❏ *fast food, good food*: comida rápida, comida buena.

❏ *vendetta*: venganza.

❏ *glamour*: brillo, encanto.

6. GAZAPO

❏ En Ecuador se aspira la *s* o se pierde.

93

SOLIDARIDAD

✪ ORACIONES TEMPORALES Y CONDICIONALES

- *¿Existe algo que resista esta fuerza de los tiempos cuando lo que está de moda es el síndrome de hacer moda de todo?*
  Cuando suele tener valor temporal pero en este caso tiene también un matiz condicional.
- *A mí todo esto me parece bien siempre y cuando sepamos distinguir que existen grados y grados de compromiso y solidaridad.*
  Siempre tiene valor temporal, pero *siempre y cuando* expresa una condición.

✪ ORACIONES CONCESIVAS

⊃ **Aunque** + SUBJUNTIVO (valor: 'no importa')

- El cómputo de los éxitos es aquí más palpable, y, **aunque resulte** molesto a muchos reticentes a significarse, los medios de comunicación son eficaces.
- La solidaridad no es una moda **aunque esté** de moda.

⊃ **Por más que** + SUBJUNTIVO

- La solidaridad, el compromiso, la implicación subyacen porque siempre han formado parte del ser humano, **por más que descendamos** de monos cazadores.
- **Por más que** los medios **trivialicen** cualquier tema, hay un niño en Eritrea que hoy no se quedará sin comer, y eso es bueno.
- **Por más que** los medios **frivolicen** las imágenes patéticas (...) se ha dado un pequeño paso en la dirección correcta.

✪ DEFINICIONES

reticente: desconfiado, reacio.
síntoma: indicio o señal de que algo ocurre o va a ocurrir.
gala: actuación artística de carácter excepcional.
quintaesencia: lo más puro y sustancial de algo.
polucionar: contaminar.
solidaridad: adhesión circunstancial a la causa de otros.

manifiesto: escrito en que se hace pública declaración de doctrinas.
conexión: enlace, atadura, trabazón.
patético: que conmueve el ánimo y produce dolor o melancolía.
frívolo: ligero, insustancial, superficial.

∽ ∽ **LITERATURA** ∽ ∽ ∽ ∽ ∽ ∽ ∽ ∽ ∽∽∽ ∽ ∽ ∽ ∽ ∽ ∽ ∽ ∽ ∽

HISTORIA

Julia es restauradora de cuadros. Está siendo asediada por un maníaco muy inteligente que le da claves de un asesinato cifradas en jugadas de ajedrez...

ESTRUCTURAS CONCESIVAS

+ SUBJUNTIVO

aunque se tratase de una respiración
por inquietante que fuera
por mucho que tardase en hacerlo

ESTRUCTURAS TEMPORALES

+INDICATIVO

mientras se preguntaba si al descolgarlo iba a tener
hasta que Julia colgaba
cuando sonaba por sexta vez
cuando le pidió a su amiga que volviese
mientras respondía con distraídos movimientos

+ SUBJUNTIVO

antes de que empezase la pesadilla

+ INFINITIVO

al sentirse invadida en la intimidad
antes de salir

ESTRUCTURAS RELATIVAS

+ INDICATIVO (antecedente determinado)

el cuadro en que trabajaba
aquellos silencios que tan habituales eran
era el misterioso comunicante quien
aguantaba más

95

quien telefoneaba no podía estar al corriente
el silencio que tanto había amado
una ritual violación que se repetía a diario
conversaciones y música que la rodeaban
una historia en la que se mezclaban

+SUBJUNTIVO

una respiración que denotara vida (antecedente
indeterminado)
quienquiera que fuese (quienquiera que)

ESTRUCTURAS SUSTANTIVAS

+ INDICATIVO

se preguntaba si al descolgarlo iba a tener
(interrogativa indirecta)
dijo que se encontraba en Stephan's (verbo de
lengua en forma afirmativa)

+ SUBJUNTIVO

la posibilidad de que la policía tuviese intervenido
el teléfono (juicio de valor)

🐾 TRANSFORMACIÓN EN FUTURO

Se producen cambios de modo en las expresiones temporales; ejemplo: *hasta que Julia cuelgue*

🐾 VALORES DE *SI* Y *MIENTRAS*

(Véase al respecto el esquema gramatical de las páginas 207 y 208). En el texto tenemos ejemplos de *mientras* con valor temporal y *si* usado para el estilo indirecto en estructura sustantiva, no condicional.

🐾 GERUNDIOS: VALORES

La mayoría de los gerundios del texto expresa modo (*esperando con impaciencia, levantando la voz, pronunciando la mitad de las frases, estremeciéndose, temiendo descubrir*) con la única excepción de *atribuyéndoles*, menos usual, equivalente a una estructura relativa: *a las que atribuía*.

LOCURA

☞ *(b) Se puede considerar a los refranes como las citas de los pobres.*

☞ *(b) Los refranes suelen tender a la resignación.*

☞ *(b) El problema de los refranes es que necesitan ser renovados.*

☞ *(a) Dice el refranero: "Quien parte y reparte se queda con la mejor parte".*

C^laves

Situaciones

❶ *ADVERBIALES*

CAUSALES
- dado que la vía más eficaz
- despacio, que tengo prisa
- en voz baja, que tengo un enfermo en casa

CONSECUTIVAS
- intenta atacar tan fuerte como puedas

FINALES
- para ser un buen vikingo
- ir a que me sellen los volantes

MODALES
- como si fueran sus peores enemigos
- sin que se den cuenta

② *Dado que* los manifestantes hacen caso omiso a la represión policial, las fuerzas de seguridad han optado por bombardearlos con valium, *a fin de que* se calmen sus ánimos, *de tal manera que* éstos terminan volviendo a sus casas *como si* nada hubiera pasado.

✏️ **9.1.-2.**

1. me avisaron, habían avisado; 2. llegar; 3. le dolía; 4. preguntar; 5. pueda; 6. decirlo; 7. era; 8. se quedó; 9. puedes, puedas/ te apetece, apetezca; 10. hayan viajado, viajen/conozcan; 11. es, era; 12. tengas; 13. estás; 14. han aparecido; 15. habrá, hay; 16. voté; 17. la llevaron; 18. tenéis; 19. date; 20. decidieron; 21. estaban; 22. era; 23. es; 24. se dejó; 25. tuvieron; 26. era; 27. insistir; 28. hay; 29. se ha creído; 30. vamos.

31. Como no había dormido, le dolía la cabeza.
No había dormido; de ahí que le doliera la cabeza.
32. Como era muy simpático tenía un montón de amigos.
Era muy simpático; de ahí que tuviera un montón de amigos.
33. Se indigestó porque comió demasiados pasteles.
Comió demasiados pasteles; de ahí que se indigestara.

34. Como no estudió suficiente no aprobó el examen teórico.
    No estudió suficiente; de ahí que no aprobara el examen teórico.
35. Como se retrasó cinco minutos perdió el tren.
    Se retrasó cinco minutos; de ahí que perdiera el tren.
36. Como había trabajado toda la noche estaba hecho polvo.
    Había trabajado toda la noche; de ahí que estuviera hecho polvo.
37. Como hace mal tiempo no iremos a pasear hoy.
    Hace mal tiempo; de ahí que no vayamos a pasear hoy.
38. Como no había quórum no pudimos votar.
    No había quórum; de ahí que no pudiéramos votar.
39. Como se acabó el carrete no pudimos hacer más fotos.
    Se acabó el carrete; de ahí que no pudiéramos hacer más fotos.
40. Como no he leído el periódico esta última semana no me he enterado de los
    últimos acontecimientos.
    No he leído el periódico esta última semana; de ahí que no me haya enterado
    de los últimos acontecimientos.
41. No, pero no porque no os quiera ayudar, sino porque me están esperando en
    casa.
42. No, pero no porque no pueda, sino porque no me parece interesante.
43. Bueno, pero no porque me moleste ir sola, sino porque así podemos conversar
    un rato más.
44. Iremos a Costa Rica, pero no porque queramos disfrutar de sus playas, sino
    porque nos han dado una beca para trabajar allí un mes.
45. Sí, pero no porque haga régimen, sino porque tengo mucho estrés.
46. Bueno, pero no porque lo necesite, sino porque me encanta. Es el tercero de la
    mañana.
47. Quizás, pero no porque me sirviera para algo, sino porque es un animal muy
    divertido.
48. El rojo, pero no porque sea el color de la violencia, sino porque para mí representa
    la vida.
49. Me quedaría encantada, y no porque no me guste la gente o la vida social, sino
    porque todos tenemos alma de robinsón ¿no crees?
50. Por supuesto, y no porque lo consideremos un compromiso, sino porque nos
    caen muy bien.

9.3.-4.

1. que sane, sanara; 2. vienes/te quedas; 3. te parezca; 4. montar; 5. ver;
6. le digamos; 7. conociera; 8. que la asciendan; 9. que me dejen; 10.
conozca; 11. se terminen; 12. hablar; 13. se enterase; 14. tengas; 15. le
va.

101

16. No es lógico que actúe como si nada hubiera ocurrido.
17. No le dijimos nada, no fuera a ser que se molestara.
18. Pienso seguir protestando, tanto si te gusta como si no te gusta.
19. Iremos con el único propósito de hacer acto de presencia.
20. Le daremos otra oportunidad, sin que eso sirva de precedente.
21. En vez de tomártelo tan en serio deberías reírte.
22. Venimos a que nos expliques cómo se hace este ejercicio.
23. Acércate, que te vea bien.
24. Entraron a robar por la noche, de modo que nadie los viera.
25. Le rogamos que se persone aquí mañana para que firme su contrato de trabajo.
26. Escribieron la carta con el objeto de denunciar públicamente lo que estaba ocurriendo.
27. Bajó a la tienda a comprar tabaco.
28. Ven ya, no sea que después encuentres mucho tráfico.
29. Mientras más te preocupes, menos resolverás.
30. Lo instalamos según indicaban las instrucciones.

31. porque (pues); 32. así que, de modo que; 33. que, para que, de manera que, de forma que...; 34. como si, igual que si; 35. a fin de que, con el objeto de que, de manera que...; 36. en lugar de, en vez de; 37. no sea que, no vaya a ser que; 38. como, puesto que, dado que...; 39. tanto/que; 40. a fuerza de, de tanto; 41. de modo que, de forma que...; 42. luego; 43. para, a fin de...; 44. en vez de, en lugar de; 45. que.

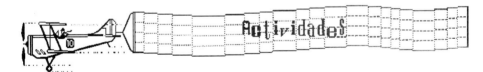

1. DIÁLOGO: MODELO

I.

FANTASMA: ¡Hola! No te asustes. Me llamo Julián y llevo mucho tiempo penando. Me he cansado de la vida de ultratumba y sólo sueño con volver a tener un cuerpo de mortal *para* jugar unas partiditas de mus con mis viejos amigos. Podrías dejarme el tuyo por unos días; a cambio, te puedo ayudar. Tengo poderes.

MORTAL. Me tratas *como si* yo fuera tonto. Nadie me garantiza que no te quedarás para siempre, *ya que* por lo que me cuentas deduzco que eres un buen pícaro. *Así que* déjame tranquilo, que no me fío de ti...

II.

VENUSINO. Te puedes imaginar que te voy a proporcionar la experiencia más emocionante de tu vida, *pues* pocos pueden decir que hayan estado en Venus. Te sentirás *como si* fueras el rey del universo.

TERRÍCOLA. La verdad es que me apetece ir contigo, pero *no porque* me interese Venus, sino porque me gustaría perder de vista a mi suegra por una temporadita...

2. MODELO

El jefe de la empresa trata a su empleado *como si* fuera basura. Su táctica es demostrarle su superioridad *a fin de que* no se le ocurra en ningún momento rebelarse. El pobre empleado calla *porque* se está jugando su puesto pero piensa que está *tan* harto *que* algún día estallará, y entonces...

3. ESTRUCTURAS COLOQUIALES

• *TVE sí que fue decisiva*
  Valor enfático y contrastivo:
  > *Esta emisora sí que me gusta, y no la que tenías tú puesta, que sólo pone música pasada de moda.*

• *Vaya petardo; ¡vaya cuento!*
  Vaya + SUSTANTIVO, valor exclamativo, puede tener cierto matiz de incomodidad o fastidio:
  > *¡Vaya amigo! Nunca está cuando lo necesitas* (negativo).
  > *¡Vaya cochazo te has comprado! ¿Me dejas conducirlo un ratito?* (positivo).

• *¡No me diga!*
  Equivale a *¿en serio?, es increíble, es sorprendente* :
  > → *Dicen que mañana habrá huelga total de transportes.*
  > → *¡No me diga!*

• *¿A qué viene (tanto alboroto)?*
  Forma interrogativa coloquial para inquirir sobre una causa (*¿Por qué hay tanto alboroto?*):
  > *¿A qué vienen esas protestas? Ya os habíamos avisado de que esto ocurriría.*

103

- *¡Menos mal...!*
  Equivale a *afortunadamente*, expresa alivio.
  > *¿Se te ha olvidado la llave en casa? Menos mal que yo llevo la mía, eres un desastre.*
- *¡A ver si (encontráis...)!*
  Forma coloquial de ruego o deseo.
  > *A ver si bajas el volumen de la tele, que vas a despertar a los vecinos.*
  > *A ver si me invitas un día a cenar, que me han dicho que haces unos canelones buenísimos.*

4.

RESPUESTAS COLOQUIALES: MODELO
- ¿De verdad que quieres probar este licor? Es muy fuerte.
- *Pues sí*, me gusta probarlo todo.

- ¿Estás enfadada? Te veo muy seria.
- *Para nada*. Sólo tengo un poco de sueño.

5.

GAZAPO
❏ En el español de Perú no se distingue *ll* e *y* excepto en Lima y la costa del norte.
(La realidad es justamente la inversa).

ARTE CONTEMPORANEO

❁ ORACIONES ADVERBIALES

CONDICIONALES
- Si tanto le gusta la pintura, supongo que habrá leído algo sobre ella.
- Si, a pesar de todo, sus amigos se ríen de la compra, tendrá suficientes razones para argumentarles.
- Es decir, que si "sabe" algo de pintura, no podrá fallar ni hacer el ridículo si se compra un cuadro.

- ...si pretende que "eso" sea bueno, tiene que valorarlo.
- Pues si no le gusta, discuta, argumente.
- A los que nos gusta y entendemos de pintura nos gusta toda ella, la moderna y la antigua, con tal que sea buena.

CAUSALES

- Tendrá amigos con los que hable de pintura, pues los que se parecen se juntan.
- Lo que no puede hacer de todos modos es dejarse aconsejar "no sabiendo" de arte, porque eso es tonta vanidad.
- Hoy se vende tan mala pintura porque hay poquísima gente culta de verdad.
- Hay menos buena pintura porque hay gente menos culta, pero hay mucha más gente rica y sin criterio.
- Quien la tiene, sin embargo, porque la ha comprado cara no cuenta con muchos atributos para ser mi amigo de confianza.
- "También los pintores modernos tienen derecho a vivir", se me dirá. Sí, pero no a vender tan caro, porque así ni siquiera hay medio de saber quiénes valen más o valen menos.
- ...pensando, sin duda, que si no tengo espacio es porque no tengo dinero y el no tener de las dos cosas revela también que soy tonto.

COMPARATIVAS

- Uno se hace una librería como se hace una colección de pintura.

TEMPORALES

- Cuando yo vivía en Francia, se había puesto de moda un pintor malísimo llamado Bernard Buffet.
- Cuando llegaba a una casa rica y me encontraba un Buffet en el "buffet" - es decir, en el comedor-, ya sabía de qué pelaje eran sus dueños.

105

MODALES

- Mientras tanto, el bueno de Francis Picabia vendía malamente sus dibujos o pequeñas pinturas a los verdaderos aficionados del barrio latino.

- ¿Le gusta sin que sea un trabajo de sugestión por parte del vendedor?

FINALES

- Para coleccionar pintura hay que tener criterio pictórico y merecerla.
- ...hay que tener mucha pintura en la imaginación para comprarse un cuadro "por necesidad" estética.

CONCESIVAS

- Lo demás, por mucho que se disimule, es ponerse un inri sobre la frente.

⚙ FRASES

- No ha explicado el **porqué** de su dimisión.
- ¿**Por qué** no vienes con nosotros?
- Ese es el motivo **por** (el) **que** ha cambiado de parecer.
- No quiso sentarse **porque** tenía prisa.

⚙ ETIMOLOGÍAS

adefesio
esnobismo
para más inri

⚙ EXPRESIONES NEGATIVAS

VALORES

No chuparse el dedo: no ser nada tonto.
No comerse un rosco: no tener éxito en las aspiraciones amorosas, no ligar.
No dar abasto: no poder abarcar lo que se quiere.
No dar el brazo a torcer: no ceder la razón a otra persona, mantenerse en sus convicciones, *mantenerse en sus trece*.
No dar pie con bola: no acertar, equivocarse repetidamente.

No dejar títere con cabeza: atacar a todos.
No llegar la sangre al río: no ser graves las consecuencias de algún acontecimiento, discusión, etc.
No llegarle a alguien a la suela del zapato: tener inferior categoría o valía.
No llegarle a alguien la camisa al cuerpo: estar atemorizado.
No pegar ni con cola: no tener relación, no tener nada que ver.
No pegar ojo: no poder conciliar el sueño.
No soltar prenda: no dar una información requerida o esperada.
No tener ni pies ni cabeza: no tener sentido.
No tener pelos en la lengua: decir lo que se piensa, sin reservas.
No ver con buenos ojos: no considerar bien, desaprobar.

❄ USOS

- Los problemas no me dejan dormir. No *he pegado ojo* en toda la noche.
- Ya me he dado cuenta de sus intrigas, no *me chupo el dedo*.
- Siempre está presumiendo de sus conquistas amorosas pero no *se come un rosco*.
- Se nota que tiene resaca. No *ha dado pie con bola* en toda la mañana.
- Deberías cambiarte de corbata. Ésa no *te pega ni con cola.*
- Los directivos están enfrentados desde hace tiempo pero aún no *ha llegado la sangre al río.*
- Está tan asustado que no *le llega la camisa al cuerpo.*
- Sus razonamientos son absurdos, no *tienen ni pies ni cabeza.*
- Es muy comunicativo y habla con mucho desparpajo. No *tiene pelos en la lengua.*
- Sus padres no *ven con buenos ojos* a su novia. Creen que es demasiado mayor para él.
- Hemos intentado tirarle de la lengua pero no *suelta prenda.*
- No deberías admirarlo tanto. Yo creo que no te *llega a la suela del zapato.*
- Tras los rumores sobre los trapos sucios de algunos políticos ha habido una remodelación del gobierno y no *han dejado títere con cabeza.*
- Tenemos tanto trabajo que no *damos abasto.*
- Es muy terco. Nunca *da el brazo a torcer.*

❄ CONCORDANCIA

Se trata de una concordancia de sentido, no gramatical, debida al sentido plural de *gente*.

✪ INTERJECCIONES

VALORES

¡hala!: ánimo; prisa; incitación al movimiento corporal; sorpresa.

¡ah!: comprensión de un enunciado; ocurrencia súbita; grito de ira; bienestar; pesadumbre, pena, admiración, sorpresa. En América se usa para preguntar, en lugar de *¿eh?*

¡bah!: desdén; incredulidad.

¡hombre!: asombro; admiración; extrañeza; fastidio.

¡eh!: llamada; cf. *¿eh?*, usado vulgarmente para pedir que se repita lo que se ha dicho porque no se ha entendido.

¡uf!: cansancio; repugnancia.

¡caramba!: extrañeza; enfado; admiración.

USOS

¡Hala, a la calle, que llevamos todo el día encerrados en casa!

¡Ah , eras tú el que me dejó el mensaje en el contestador! No te había conocido la voz.

¡Bah!, eso es una bobada, no le des importancia.

¡Hombre!, no es que me guste la idea de ir, pero lo haré por ti.

¡Eh!, que estoy aquí, a ver si saludas.

¡Uf!, esto es aburridísimo.

¡Caramba!, por fin te vemos. No te prodigas mucho últimamente.

∽ ∽ **LITERATURA** ∽ ∽ ∽ ∽ ∽ ∽ ∽ ∽ ∽ ∽∽ ∽ ∽ ∽ ∽ ∽ ∽ ∽ ∽ ∽

✿ FÁBULAS

La fábula de Monterroso trata sobre la sabiduría y la *docta ignorancia*, con un toque de ironía muy propio de su estilo habitual; la de Neruda, sobre la inocencia mancillada, parece ser una defensa de su tercera esposa, Matilde Urrutia. No tienen moraleja como las antiguas, por ejemplo, las *Fábulas literarias* (1782) de Tomás de Iriarte.

✿ ESTRUCTURAS ADVERBIALES

• a fuerza de (de tanto) meditar y quemarse las pestañas...

• en forma (de manera) tan notoria que sus contemporáneos lo declararon...

- sin que se haya (pero no se ha) podido..
- cuando (en el momento en que) ella entró completamente desnuda
- reían hasta caer al suelo de la taberna (no sustituible sin cambiar el sentido)
- no hablaba porque (pues) no sabía hablar
- apenas (en cuanto) entró al río quedó limpia
- sin mirar atrás nadó de nuevo(no sustituible sin cambiar el sentido)

FÁBULA DE LA SIRENA

Todos estos señores estaban dentro **cuando** ella entró completamente desnuda. Ellos habían bebido y comenzaron a escupirle. Ella no entendía nada, recién salía (1) del río; era una sirena que se había extraviado. Los insultos corrían sobre su carne lisa y la inmundicia cubrió sus pechos de oro. No sabía llorar, **por eso** no lloraba; no sabía vestirse, **por eso** no se vestía. La tatuaron con cigarrillos y con corchos quemados, y reían **hasta caer** al suelo de la taberna. Ella no hablaba **porque** no sabía hablar. Sus ojos eran color de amor distante, sus brazos [estaban] construidos de topacios gemelos y sus labios se cortaron en la luz del coral. De pronto salió por esa puerta; **apenas** entró al río quedó limpia, relució **como** una piedra blanca en la lluvia y **sin** mirar atrás nadó de nuevo, nadó hacia nunca más, hacia morir.

(1) *Recién salía* es uso del español de América; equivale a *acababa de salir*.

SUSTITUCIÓN

I

existió	➤	vivió
notoria	➤	brillante
entusiastas	➤	admiradores
declararon	➤	nombraron
averiguar	➤	descubrir

II

taberna	➤	tasca
gemelos	➤	iguales
apenas	➤	tan pronto como
relució	➤	brilló
de nuevo	➤	otra vez

EUTANASIA

☛ *(b) La polémica sobre la eutanasia se debe a los excesos de los avances médicos.*

☛ *(a) Se dice que en la meditación trascendental hay personas que consiguen separar el cuerpo del alma.*

☛ *(b) Según las encuestas, las experiencias de las personas que se han hallado en los umbrales de la muerte coinciden en cuanto a la trayectoria mental.*

☛ *(c) La sociedad* EXIT *fue creada para apoyar la eutanasia.*

Claves

Situaciones

❶ USOS DEL SUBJUNTIVO
- *Por poco que des*: *por poco que* + SUBJUNTIVO, siempre; valor concesivo.
- *Bendito sea*: expresión de deseo.
- *Eso no significa que no esté siempre dudando*: oración sustantiva, regla II, verbo de comunicación en forma negativa.
- *El que fuera hombre de KIO*: uso literario y periodístico de imperfecto de subjuntivo en lugar de pasado de indicativo.
- *Como si fuesen momentos distintos*: *como si* + SUBJUNTIVO, siempre; valor modal.
- *Que me pregunte*: deseo, *que* + SUBJUNTIVO.

② CONJUNCIONES CON DISTINTOS VALORES
(V. *Método*, pp. 207-8).
Mientras: temporal.
Si: condicional.
Como: condicional..
Por: concesivo.
Que: causal.

 **10.1.-4.**

1. interesara/se venderían, se habrían vendido; 2. que salga ; 3. enfrentarse/haya; 4. saliera/saliera; 5. sepamos; 6. lea; 7. cambiar/que dejen; 8. sea; 9. se confirme; 10. creo/diga; 11. debas/sea; 12. cubrirá/sean; 13. lo mires/te gustará; 14. sea/ mantenerlas; 15. era/ evitar/ que se malograran; 16. pidiera/ que fueran; 17. vayas; 18. que muriera/ver; 19. consigue, consiguiera/se resolverán, se resolverían; 20. haya surgido/ocupa; 21. sepas; 22. se hizo; 23. sea; 24. respete; 25. sea; 26. tenga/ hay; 27. puedan; 28. amenacen/se produzca /exija/ se observe; 29. se te hubiera muerto; 30. figuran/eliminen/reduzcan/indemnicen; 31. haya, hay/se hayan apresurado, se han apresurado; 32. puede,pueda; 33. hayan oído; 34. esté, está/ fomentar; 35. podamos; 36. intuyera/iba; 37. quiera/entienda; 38. se aburra; 39. hubiera aprovechado/habrían sido, serían/se dio/perdía, estaba perdiendo; 40.

tenga; 41. modificar, que modifique/sean; 42. esté; 43. fueran, eran; 44. me marchara/ volviera; 45. tenga; 46. pudiera; 47. haya salido/tener; 48. que aceptaran; 49. me hagan; 50. es, era/se cumplan, cumplieran; 51. fuera; 52. consigamos; 53. que asumamos; 54. que no proyectarán, no proyectar/se queden; 55. haces; 56. siga; 57. pudiera/ te lo resolvería/que cumplas; 58. se decidiera/ha precipitado; 59. que no sufriera; 60. fue; 61. se pueda/ será; 62. atraiga/ es, sea; 63. que sea/ me retiro; 64. que digan/ es; 65. gane/gane; 66. rogarle/que no escribiera; 67. que tuviera; 68. sea; 69. que nadie se enterara; 70. acierten; 71. te vaya; 72. se hagan; 73. que llegara; 74. que sean; 75. sea/es.

EL SENTIDO DE LA VIDA

Aquel viernes decidió *llevar* a cabo un experimento: al *salir* de la oficina alquiló 20 películas de vídeo y se encerró con ellas en su apartamento. Por lo general, hacía la compra los domingos, pero estaba deseando *que las autoridades prohibieran* la apertura de las grandes superficies los festivos para no *encontrarse* en el super-mercado con otros como él. Del mismo modo que las embarazadas, él llevaba unos meses que no veía en el supermercado más que duplicados de sí mismo. El domingo anterior, mientras *hacía* cola frente a la caja del establecimiento, con el carrito cargado hasta los bordes, tuvo un momento de terror al *comparar* aquel grupo humano con el de un conjunto de hormigas indiferenciadas. Había leído que a estos insectos *les había sido arrebatada* en algún tiempo remoto la conciencia, lo que impidió· *que continuaran* evolucionando. De ahí que *cayeran* en esa forma de obsesión consistente en repetir una y otra vez el mismo circuito, en trazar el mismo círculo, con la esperanza, quizá, de que un siglo cualquiera algún integrante de la colonia *escapara* del trayecto establecido y *fuera* en busca de esa conciencia que *les liberara* de la locura de no parar de trazar circuitos meramente alimenticios y reproductores.

Tal vez, ese individuo *fuera* él. Todos los animales sociales -las abejas, por ejemplo- alcanzaban un punto en que, obsesionados por la economía, *perdían* la conciencia, quedando atrapados en una noria de actividad que *carecía* de sentido. Sus últimos años *habían sido* así: las semanas terminaban indefectiblemente en el agujero del domingo, por el que *entraba* la comida que, almacenada en el frigorífico, se iba consumiendo a lo largo del invierno del lunes y del martes y del miércoles, que tenía una puerta -el miércoles- por la que se *llegaba* a las cámaras huecas del jueves y del viernes.

Juan José Millás

113

🖎 10.5.

SI

1. No me han indicado *si* debo quedarme a hacer horas extraordinarias.
2. ¡*Si* me hubiera quedado, me habría ido mucho mejor!
3. *Si* me lo pidieran (hubieran pedido), me quedaría (habría quedado) .

MIENTRAS

4. Dijeron que seguirían allí *mientras* se lo permitieran.
5. Siempre nos toca lo peor, *mientras* que ellos hacen lo más fácil.
6. *Mientras* hacías la siesta, yo estuve leyendo.

COMO

7. Hazlo *como* te han dicho. Tienen mucha experiencia.
8. *Como* llueva nos vamos a empapar. Se me ha olvidado el paraguas.
9. *Como* era tarde, decidimos coger un taxi.

COMO SI

10. Trabaja *como si* le fuera la vida en ello.
11. Yo pienso asistir, tanto si me acompañas *como si* te quedas .
12. Tienes que averiguar algunas cosas, *como si* hay alguna posibilidad de pedir una prórroga o si se puede ampliar el contrato .
13. ¿Que van a venir? Pues *como si* no vienen, a mí me da igual.

POR

14. Lleva la chaqueta *por* si hace/hiciera frío.
15. Le abrieron expediente *por* faltar tanto sin justificación.
16. *Por* mucho que insistas no me vas a convencer.

CON

17. *Con* quejarte no vas a resolver tu problema.
18. *Con* que te esfuerces un poco llegarás a donde te propongas.
19. No has hecho nada en toda la mañana, *con*que empieza a moverte.

QUE

20. Anda, ven a la fiesta. *Que* te gusta, te quedas; *que* te aburres, te vas.
21. Me despido ya, *que* se me ha hecho muy tarde y mañana tengo que madrugar.
22. Ven *que* te vea. Te queda muy bien ese traje nuevo.
23. ¡*Que* no me hayan avisado!
24. Dijo *que* llovía a cántaros.
25. Me gustan los perfumes *que* tienen un aroma suave.

26. ¡Ay, *que* me quemo!
27. ¡*Que* te parta un rayo!

SIEMPRE

28. *Siempre* se le olvidan las llaves en su casa.
29. *Siempre* que se retrasa llama para avisarnos.
30. Aceptaré el contrato, *siempre* que se cumplan todas las condiciones.

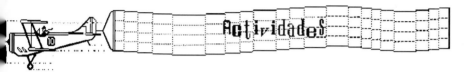

1. DIÁLOGO: MODELO
LENGUAJE COLOQUIAL

MUJER EMBARAZADA (a su marido) : No quiero que te asustes, pero creo que me están empezando las contracciones.

TERRORISTA DESPISTADO: No sea inoportuna, señora, que llevamos tres meses preparando el secuestro de este autobús y no va usted a chafarnos el plan.

PASOTA: Cómo mola, tío, esto es mejor que ir al cine.

AMA DE CASA: ¡Pero si me falta el reloj! Chófer, pare, aquí hay un chorizo confabulado con estos dos para distraernos y mangarnos lo que puedan!

LADRÓN: Un respeto, señora, que yo voy por libre y no trabajo para nadie ¡ Faltaría más! Y no me llame chorizo, que esto es un arte como otro cualquiera.

VIEJO VERDE: Oye, niño, quítate de en medio, que no me dejas ver a aquel guayabo de allí.

NIÑO CON PERRITO: Mami, que este carroza me está molestando, y yo me quiero quedar junto a la ventana para que a Whisky le dé el aire...

GLOSARIO
chafar: fastidiar
molar: ser estupendo
tío: apelativo para hombre
chorizo: ladronzuelo
mangar: robar

115

guayabo: jovencita hermosa (también es nombre del árbol de América cuya fruta es la guayaba).

carroza: viejo.

2.

LENGUAJE COLOQUIAL

ir de algo: fingir que se es ese algo.

pasar de: no importar, no sentir interés por algo.

comer el coco: convencer a alguien.

chocolate: hachís.

caer como un tiro: caer fatal, no gustar en absoluto.

pillar: coger, conseguir.

gordo: primer premio de la lotería.

seguir el rollo: v. Método, pp. 212-213.

talego: billete de mil pesetas.

palmar(la): morirse.

pringarse: comprometerse en un asunto, generalmente sucio.

OTROS:

pasar de, montárselo, tener marcha, flipar, molar, vacilar...

NOTA:

Pueden consultarse diccionarios de argot, como los que siguen:

• V. León, *Diccionario de argot del español* (Alianza Ed.)

• J.M. Oliver, *Diccionario de argot* (Ed. Sena)

• Ramoncín, *El tocho cheli* (Ed. Temas de Hoy, Col. El Papagayo).

3.
No pasaba de los veinte
el mayor de los tres chicos
que vinieron a atracarme el mes pasado.

"**Subvenciónanos un pico**
y **no te hagas el valiente**
que me pongo muy nervioso si me enfado"

Me pillaron diez quinientas
y **un peluco** marca omega
con un pincho de cocina en la garganta,

116

pero el bizco se dio cuenta
y me dijo - "oye, **colega**,
te pareces **al** Sabina ese que canta".

Era una noche cualquiera
puede ser que fuera **trece**,
¿qué más da? pudiera ser que fuera **martes**.

Sólo sé que algunas veces
cuando menos te lo esperas
el diablo **va y se pone de tu parte**.

• "Este encuentro hay que **mojarlo**
    con **jarabe de litrona,**
    compañeros, antes de que cante el gallo"-

• "tranquilo, **tronco**, perdona,
    y **un trago pa** celebrarlo"-
    los tres iban **hasta el culo de caballo**.

A una **barra americana**
me llevaron **por la cara**,
no dejaron que pagara ni una ronda,

controlaban tres fulanas
pero a mí me reservaban
los encantos de "Maruja la **cachonda**".

Nos pusimos como motos,
con la **birra** y los **canutos**
se cortaron de meterse algo más fuerte;

nos hicimos unas fotos
de cabina en tres minutos...,
parecemos la cuadrilla de la muerte.

Protegidos por la luna
cogieron prestado un coche,

117

me dejaron en mi **queli** y **se borraron**

por las venas de la noche
* 'enróllate y haznos una
  copla guapa de las tuyas"- me gritaron.

Me devolvieron intacto,
con un guiño, mi dinero,
la cartera, la cadena y el reloj;

yo, que siempre cumplo un pacto
cuando es entre caballeros,
les tenía que escribir esta canción.

Hoy venía en el diario
el **careto** del más alto,
no lo había vuelto a ver desde aquel día;

escapaba del asalto
al chalé de un millonario
y en la puerta lo esperó la policía.

4. ROLLO: VALORES
* "todo el conglomerado juvenil que ha elegido la marginalidad" (positivo);
  cosa muy aburrida o pesada (negativo).
* *tener mal rollo*: ser aburrido, pesado.
* *tener buen rollo*: ir bien, gustar.
* *enrollarse (bien)*: hacer bien las cosas; comunicarse bien.

5. OBRA DE TEATRO
V. José Luis Alonso de Santos, *Bajarse al moro*, Madrid, Espasa Calpe, 1992.

6. GAZAPO
❑ En Bolivia no se distinque *ll* e *y*.

XENOFOBIA

⚙ VERBOS

Xenofobia
Del otro lado

Soñé que **llegaba** al aeropuerto de Eceiza, en Buenos Aires; que un policía mal encarado examinaba mis papeles por el derecho y por el revés, y miraba con atención la foto de mi pasaporte y luego me miraba a mí, y contaba con desprecio mi dinero, y al final hacía un gesto con la cabeza y se me acercaban dos guardias, que me empujaban hasta una puerta y, después de **abrirla**, me arrojaban al interior de una habitación en donde otros españoles de aspecto deplorable llevaban muchas horas esperando que las autoridades **decidieran** si **les dejaban** entrar o no en Argentina. "Lo más seguro es que **nos echen**", me explicó un hombre de ojos opacos. "Están muy bordes últimamente".

Esto soñé, pero que **se tratara** de una pesadilla no me tranquilizó al **despertar**. Prendí un cigarrillo y lo consumí saboreándolo -cada pitillo puede ser el último, en cualquier momento sonará la orden fatal-, y sólo al cabo de un rato apagué la luz y me dormí, deslizándome de nuevo hacia mis temores.

Ahora recorría una calle del centro de Asunción, una de esas calles algo empinadas, estrechas, de edificios bajos pintados en colores claros, con carteles escritos a mano anunciando las mercancías. Al final de la pendiente estaba el río Paraguay, hinchado de barcazas, pero antes se encontraba el hotel en donde yo **debía** entrar. "Alto, española", me atajó el portero con librea. "En este local nos reservamos el derecho de admisión". "No puede ser", me quejé. "Ustedes, los paraguayos, siempre **han acogido** con benevolencia al extranjero. Incluso se portaron bien con los conquistadores". "Pues ya ve, las cosas cambian. Márchese y dé gracias a que no la **denuncio**". Seguí caminando en dirección al río, pero cerca del palacio de Gobierno, los dos soldados que **montaban** guardia en la esquina se fijaron en mí, y di la vuelta con rapidez. Desperté buscando un lugar donde esconderme.

Encendí otro cigarrillo, pero ya no me sabía bien, y lo aplasté casi entero mientras **me arrebujaba** en la cama. Debí dormirme de nuevo, porque ahora **estaba** sentada en un merendero, en un promontorio de Puerto Limón, y me moría por una cerveza helada mientras **contemplaba** el batir de las olas del Atlántico contra la playa. Una cimbreante camarera se me acercó y señaló la puerta con su airoso pulgar: "Fuera. No servimos a españoles". Este sueño lo empalmé con otro en el que me veía a oscuras en un cine de una galería del centro de Santiago de Chile. Veía la película por tercera vez y sabía que aún me **quedaba** otro pase antes de que **me atreviera** a salir a la calle, aprovechando la noche para **meterme** en algún agujero en donde los agentes de Inmigración no **pudieran** encontrarme. "Alguna vez tuve amigos en esta ciudad", me repetía, pero ya me habían cerrado sus puertas. "No queremos tener nada que ver con cerdos racistas como ustedes".

Seguí soñando el resto de la noche, en busca de refugio y acumulando rechazos. En Santa Rosa, un jesuita guaraní de enorme corpachón me examinó con sonrisa enigmática. "Vaya a buscar un trabajo de criada. Vaya a limpiar la porquería de los otros, cómase los restos de los otros, reciba la menguada paga de los otros, y luego rece para **que la traten** como a una persona". Corrí bajo los chivatos florecidos de rojo y así llegué a Ciudad de México, y en el Zócalo casi me lincharon unos nativos que gritaban: "¡Mírenla, qué poca cosa es cuando no **la protegen**!", y yo no encontraba la salida de la inmensa plaza, y la catedral se inclinaba hacia adelante para **aplastarme**. Bajé a San Juan del Sur, pero unos *nicas* me golpearon y pintaron una cruz gamada en mi frente, y cuando **recobré** el conocimiento estaba cubierta de hormigas. Sin saber cómo, me encontré en una aldea de la Dominicana, en el campo, en un camino enfangado con niños que **jugaban** descalzos y vacas famélicas que **llevaban** una grulla parada en el anca. "Váyase de aquí", graznó la grulla. "Somos pobres, pero al menos nos morimos poco a poco".

Entonces desperté del todo y abrí bien las ventanas para **que entrara** la luz del día y **se llevara** los miedos de la noche. Hice café, me duché, leí los periódicos, escuché la radio, pero como aún era temprano para **telefonear** a Buenos Aires, me puse a limpiar el piso como una maniaca. Fregué los suelos, saqué brillo a la batería de cocina, lavé las fundas de los cojines y, cuando **terminé**, marqué el número de mi mejor amiga de allá y le conté todo: "Che, loca, cómo te vamos a echar. Venite acá y quedáte conmigo". Colgué, después de **dar** las gracias, y desde entonces me lo estoy pensando.

Maruja Torres, El País Semanal

✪ RESUMEN

La protagonista de la historia sueña que en un viaje por América es rechazada por ser extranjera. Al despertar de la pesadilla llama a una amiga argentina que la tranquiliza de su angustia. El sentido del artículo es, obviamente, una crítica a la xenofobia creciente en la sociedad.

✪ USOS DEL IMPERATIVO

⊃ Imperativos afirmativos:

dé

vaya

reciba

rece

⊃ Imperativos afirmativos, con el pronombre enclítico:

márchese

cómase

mírenla

váyase

⊃ Formas de imperativo acordes con el pronombre *vos:*

venite

quedate

✪ VIÑETA

El médico le dice al paciente: "No tome café ni fume. Evite las emociones fuertes y no cargue objetos muy pesados".

121

LITERATURA

♠ TEXTO

Aquel día, **al** regresar borracho a casa a las cuatro de la madrugada, encontró en un contenedor de basuras un maniquí desnudo y masculino. Se le ocurrió una absurda idea y se lo llevó a casa, escondiéndolo en el maletero.

A la noche siguiente, en torno a la hora en que solía salir a tomar copas, su mujer empezó a mirarle con rencor. Pero él actuó **como si** esa noche fuera a quedarse en casa y la tormenta pasó en seguida. Vieron la televisión hasta las once y media y luego se metieron en la cama. **Cuando** la respiración de ella adquirió el ritmo característico del sueño, él se incorporó con sigilo y tras comprobar que estaba dormida abandonó las sábanas. Inmediatamente, recuperó el maniquí y lo colocó junto al cuerpo de su mujer. Ella se dio la vuelta **sin** llegar a despertarse y colocó una mano sobre la cintura del muñeco.

El se vistió **sin** hacer ruido, salió a la calle y comprobó que la noche tenía aquel grado de tibieza con el que más se identificaba, **quizá** porque le recordaba el calor de las primeras noches locas de su juventud. Respiró hondo y comenzó a andar en dirección a sus bares preferidos. Se sentía bien, **como si** el peso de la culpa le hubiera abandonado definitivamente. A la segunda copa se acordó del maniquí y, **aunque** sintió una punzada de celos, le pareció que en general tenía muchas ventajas disponer de una especie de doble, si con él evitaba las peleas conyugales originadas por su afición a salir de noche.

De todos modos, ese día volvió a casa en torno a las dos y media, un poco antes de lo habitual. Se dirigió con cautela al dormitorio y comprobó que todo estaba en orden; su mujer continuaba abrazada al maniquí. Con mucho cuidado retiró las manos de ella del muñeco y lo sacó de la cama. **Antes de** llevarlo al maletero, pasó con él por el cuarto de baño y **mientras** se lavaba la cara lo sentó en la taza del váter. Le pareció que el rostro de su sustituto tenía un gesto de satisfacción que no había advertido en él **cuando** lo recuperó del contenedor de basuras, pero atribuyó esta percepción a los efectos de las copas. Tras esconder el maniquí, se metió en la cama y su mujer, instintivamente, se abrazó a él de inmediato.

Al día siguiente, ella le preparó un excelente desayuno, **como si** de este modo le agradeciera el que no hubiera salido aquella noche. Siendo su tendencia noctámbula el único motivo de discusión que solía enturbiar sus relaciones las cosas mejoraron con la introducción del maniquí. Pero él ya no disfrutaba tanto como antes. Se le veía por los bares tenso y malhumorado; algunos compañeros de correrías nocturnas empezaron a rehuirle y ahora se emborrachaba solo en el extremo de las barras **mientras** cantaba canciones de amores desgraciados y de celos. A partir de determinada hora -o de determinada copa- le entraba una especie de fobia que le hacía salir urgentemente de **donde** estuviera y acudir corriendo a casa. Abría la puerta con cuidado, se descalzaba y caminaba de puntillas hasta la puerta del dormitorio, **donde** permanecía un rato con todos los sentidos en tensión para ver si percibía algo. Después entraba, arrancaba el muñeco de los brazos de su mujer y se iba con él al cuarto de baño. Estaba seguro de que en el rostro de aquel muñeco se producían cambios imperceptibles con el paso del tiempo. La mueca desportillada de los primeros días, que intentaba reproducir una sonrisa, se había convertido en una sonrisa verdadera. Aquel cuerpo rígido había mejorado en general, **como si** todas sus necesidades, de la índole que fueran, estuvieran siendo satisfechas plenamente en aquella casa. Claro, que **siempre que** contemplaba al muñeco estaba borracho, por lo que podía ser una sugestión promovida por el alcohol. Pero **aunque** hizo propósitos de enfrentarse cara a cara con él a la luz del día, nunca obtuvo la dosis necesaria de valor para llegar a hacerlo.

Los días fueron pasando y el humor de su mujer mejoró notablemente, **mientras que** el de él declinaba en dirección a una tristeza sin fronteras. Además, empezó a sentir malestares y dolores que hasta entonces no había padecido. Sus excesos nocturnos le pasaban al día siguiente una factura desconocida para él. Pensó que se estaba haciendo viejo, que debía moderarse un poco más. Pero estos pensamientos le ponían aún más triste, pues sentía que estaba perdiendo al mismo tiempo la juventud y el amor.

En esto, una noche llegó a casa borracho, como era habitual, y tras meter el maniquí en el maletero se introdujo en la cama. Le pareció que las sábanas no estaban lo calientes que debían estar y buscó a ciegas el cuerpo de su mujer para acoplarse a él. Sintió un contacto duro, **como si** se estuviera abrazando a un maniquí. Tuvo un movimiento de terror que controló en seguida, aplastado por el peso del alcohol, y al día siguiente, **al** despertarse, todo parecía normal.

Pero aquella sensación de que su mujer había sido sustituida por un maniquí fue creciendo sin prisas con el paso de las noches. Finalmente, una mañana, **al** despertar, comprobó que su mujer no se movía. Al principio pensó que se había muerto por el grado de rigidez y frialdad que mostraba su cuerpo. Pero **al** observarla más atentamente comprobó que su carne se había transformado en una especie de material duro cuyo tacto evocaba el del cartón piedra o el de una resina sintética. Se levantó con un horror atenuado por la perplejidad de la resaca, se vistió y fue a buscar su maniquí al maletero. Lo colocó junto al cuerpo de su mujer y ambos muñecos rodaron hacia el centro de la cama, **como si** se buscaran. Los tapó, salió de casa, y desapareció entre el tráfico **sin** que se haya vuelto a saber nada de este hombre.

Juan José Millás, *El hombre que salía por las noches*

໒ EXPRESIONES

a disgusto: con incomodidad.

a empellones: empujando.

a grandes rasgos: de modo general, sin detalles.

a la chita callando: sin decir nada, a escondidas.

a las mil maravillas: estupendamente.

a punta de pala: en grandes cantidades.

a salto de mata: sin orden.

USOS

• Es el papel perfecto para ti. Estoy seguro de que lo interpretarás *a las mil maravillas.*

• En el metro y en las horas punta la única manera de avanzar es *a empellones.*

• Se siente *a disgusto* en la oficina porque aún no han terminado las obras y hay un ruido infernal.

124

- Suele hacer las cosas *a salto de mata*, sin pensarlas antes, y luego siempre le salen bien. Tiene el don de la improvisación.
- Queda poco tiempo, pero siéntate y te explicaremos el proyecto *a grandes rasgos*, a modo de introducción.
- Entró *a la chita callando* y se llevó el radiocasete sin pedirnos permiso.
- Es el bar más concurrido del barrio. Todos los días entra gente *a punta de pala* .

☜ *QUE*: ESTRUCTURAS
1. FINAL: para *que* tú me quieras.
2. SUSTANTIVA: [Quiero] *que* no se acabe...
3. CAUSAL: *Que* lo que no me des y no te pida será para la muerte.
4. RELATIVA: [la muerte], *que* no deja ni sombra por la carne estremecida.

EL SERVICIO MILITAR

☞ *(b) El protagonista acude al Hospital Militar para solicitar la exención del servicio militar.*

☞ *(a) La temperatura de aquel día era de un calor sofocante.*

☞ *(c) Los jóvenes civiles son obligados a quedarse sin explicación alguna.*

☞ *(a) Aproximadamente, permanecen en el hospital durante un día.*

125

C^l_aves

Claves

Unidad 11

Situaciones

❶ PERÍFRASIS

I. GERUNDIO

fui sabiendo, va decayendo, se irá pareciendo: *ir* + GERUNDIO, acción durativa con matiz de lentitud.

sigue siendo, sigues leyendo: *seguir* + GERUNDIO, duración de una acción comenzada anteriormente.

estaba tratando, está poniendo : *estar* + GERUNDIO, duración.

llevamos (tanto tiempo) hablando y escribiendo: *llevar* + GERUNDIO+ EXPRESIÓN DE TIEMPO, desarrollo de una acción que comienza en el pasado y continúa en el presente.

saldrá ganando: resultado final.

II. INFINITIVO

llegaba a vaciarse: *llegar a* + INFINITIVO, finalización de una acción como algo extremo.

van a continuar: *ir a* + INFINITIVO, futuro inmediato.

tengo que tener : *tener que* + INFINITIVO, obligación.

III. PARTICIPIO

está acabado, tener terminado: *estar* + PARTICIPIO, pasiva de resultado.

queda abierto: *quedar* + PARTICIPIO, equivalente a la pasiva de resultado.

tengo ordenado, tengo digerida, tener terminado: *tener* + PARTICIPIO, terminación, con sentido de acumulación.

doy por perdido: *dar por* + PARTICIPIO, 'considerar terminado'.

② *Tener* + PARTICIPIO: terminación con sentido acumulativo.

MODELO

Tengo pegadas en este álbum todas las fotos del viaje.

📖 **11.2.1.**

1. *después de*: tiempo(posterioridad)/*para*: finalidad.
2. *de*: condición.
3. *al*: tiempo (simultaneidad).
4. *hasta*: tiempo (límite, destino).
5. *con*: condicional.

6. *con*: concesivo.
7. *de*: condición.
8. *hasta*: tiempo (límite, destino).
9. *por*: causa.
10. *antes de*: tiempo (anterioridad).
11. *por*: modo.
12. *para*: finalidad.
13. *por*: causa.
14. *para*: finalidad/*al*: tiempo (simultaneidad).
15. *hasta*: tiempo (límite, destino).

11.2.2.

1. *vamos a*: intención.
2. *pienso*: intención.
3. *quedamos en*: compromiso.
4. *trataré de*: intención.
5. *acabó por*,: terminación.
6. *empezó a*: inicio.
7. *rompieron a*: inicio.
8. *hemos acabado de*: terminación/*pasaremos a*: transición.
9. *le dio por*: comienzo.
10. *meterte a*: comienzo.
11. *debe de*: suposición.
12. *viene a*: aproximación.
13. *os echáis a*: inicio.
14. *llegamos a*: terminación.
15. *dejes de*: terminación.

16. *Le ha dado por guardar* todas las cajas de cerillas que encuentra y ya no tiene donde meterlas.
17. *Le ha dado por pintar* el coche de morado.
18. *Tendrías que comprender* nuestras razones.
19. *Acabó por resignarse* a vivir en una casa que no le gustaba.
20. *Llegó a suplicar* que le dieran otra oportunidad.
21. *Deja de decir* incongruencias.
22. *Vuelve a tocar* esa balada. Es mi canción favorita.
23. *Estábamos por llamarte* pero al final no nos decidimos.
24. *Dejad de interrumpirnos*. Vamos muy mal de tiempo.
25. El viaje *nos vino a costar* lo mismo que a ti.

129

26. Al ver la muñeca rota *se echó a llorar* desconsolada.
27. *No te metas a arreglar* el enchufe, *no tienes ni idea de electricidad.*
28. *Hemos tratado de convencerla* de que vaya al médico pero se niega en redondo.
29. *Hay que informar* a todo el mundo de lo que ha pasado.
30. *Me acabo de despertar* y aún no estoy muy lúcido. Cuéntamelo más tarde.

📝 11.3.1.

1. Posible, pero ambigua (sujeto: ella/nosotros).
2. Incorrecta; es necesaria una oración de relativo: *que paseaba*.
3. Incorrecta; es necesaria una oración de relativo: *que estaban podridas.*
4. Correcta; expresa modo.
5. Incorrecta; se necesita un infinitivo como sujeto.
6. Correcta; expresa modo.
7. Incorrecta; se necesita un infinitivo como sujeto de *ser.*
8. Correcta; indica modo.
9. Posible; indica modo.
10. Incorrecta: el sujeto ha de ser un infinitivo.
11. Posible, pero es mejor una oración de relativo: *que comentaba...*
12. Correcta; *hirviendo* es uno de los pocos gerundios que pueden funcionar como adjetivos.
13. Correcta; *ardiendo* es el otro gerundio que admite ser usado como adjetivo.
14. Correcta; indica modo.
15. Incorrecta; el sujeto ha de ser un infinitivo (*jugar*).

📝 11.3.2.

1. lleva trabajando; 2. se quedaron charlando; 3. acabaron admitiendo; 4. va decorando; 5. acabamos cenando; 6. seguiré jugando; 7. llevo intentando; 8. seguirán ahorrando; 9. salió perdiendo; 10. viene avisando; 11. se han tirado discutiendo; 12. se quedaron jugando; 13. lleva estudiando; 14. anda diciendo; 15. estamos escribiendo/ir poniendo; 16. llevas hablando; 17. se ha tirado durmiendo; 18. andan quejándose; 19. vino contando; 20. acabamos bailando; 21. id prepa-

rando; 22. seguimos pensando; 23. has estado perdiendo; 24. acabaron yendo; 25. anda compadeciéndose; 26. nos vamos acostumbrando; 27. quedarme leyendo; 28. andar calumniando; 29. vete poniendo; 30. está investigando.

11.4.

1. dejaron; 2. dio por; 3. estamos; 4. tiene; 5. llevo; 6. sigue; 7. se quedó; 8. ir; 9. llevamos; 10. anda; 11. tuviera; 12. quedó, ha quedado;13. sigue; 14. (se) quedó; 15. están; 16. sigue; 17. quedó; 18. se vio; 19. dejan; 20. quedaron, están; 21. tengo; 22. lleváis; 23. está; 24. tenemos; 25. ando.

26. La sala de reuniones quedó preparada para el siguiente encuentro.
    Ante esos argumentos se quedaron desarmados.
    Quedaron en volver a verse la próxima semana.
    Se quedaron durmiendo la siesta.
    Se quedó triste cuando nos fuimos.
27. Fue a comprobar que la puerta estaba bien cerrada.
    Vete pelando las patatas mientras yo bato los huevos.
    Siempre voy dormido a la primera clase.
    Se fue contento de que lo hubieran admitido como socio.
28. Viene actuando así desde que cambió de empleo.
    La caja viene cerrada y con las instrucciones al dorso.
    Eso viene a significar que todo seguirá igual.
29. Acaba de saber que ha heredado una fortuna.
    Acabarás por caerte con esos patines.
    Acabamos rendidos tras dos horas de debate.
    Como no comenzaba la función, el público acabó yéndose muy disgustado.
30. Dieron por concluida la etapa de austeridad al finalizar la sequía.
    Últimamente le ha dado por usar corbata.
    No te las des de listo, que tú no tienes ni idea de cómo funciona este trasto.
31. Hay que avisar a los demás del cambio de planes.
    Has de tener en cuenta los pros y los contras.
    Debes intentar comprenderla.
    Debe de ser difícil convivir con una persona tan complicada.
32. Mira el cielo. Está para llover.
    Estoy por no ir a clase hoy.
    Están al llegar los bedeles del turno de tarde.
    Los árboles de la entrada están sin podar.
    Lo pusieron tan nervioso que estuvo a punto de perder los estribos.

Está tardando mucho.¿Qué le habrá pasado?
Esos cuadros no están aún restaurados.
33. Llevo escritas siete cartas en lo que va de tarde.
Llevo escribiendo cartas desde que te fuiste.
34. Anda despistado, sin saber qué hacer.
Anda pidiendo consejo a todo el mundo.
35. Ahora pasaremos a hacer una demostración del funcionamiento del producto.
Es una historia muy larga. Paso de contártela.

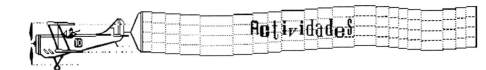

1. PERÍFRASIS

sigue dando: seguir + GERUNDIO, idea de continuación de la acción.

el ciudadano, comprando, consumiendo y ensuciando: gerundios con valor modal, se pueden sustituir por oraciones de relativo.

acaba de dar, acaba de salir: acabar de + INFINITIVO, idea de acción inmediatamente anterior.

fueran exportados, sería declarada: ser + PARTICIPIO, voz pasiva.

elevado: participio que funciona como adjetivo.

ha provocado: haber + PARTICIPIO, forma compuesta de la voz activa.

2. HISTORIA

• El anciano *acaba de llegar* de su paseo diario. Su mujer grita y él piensa que algo extraño *debe de ocurrir*. Entra en el dormitorio violentamente y ella le dice que *tiene que ser* más atento y llamar antes. Él se pone furioso y *llega* incluso a *pegarle. Acaba por descubrir* el motivo de su temor: ella se *estaba comiendo* sus galletas favoritas a escondidas.

• *Otra vez comiendo mis galletitas*: supresión de *estar* en perífrasis de gerundio, en el lenguaje coloquial.

3. GAZAPO

❑ En el español de Argentina, Uruguay y Paraguay se usa la forma *che* para llamar o dirigirse a alguien.
(Esto es cierto sólo en el caso de Argentina).

LA ARRUGA ES BELLA

⊙ ERRORES

elite/~~élite~~
~~nylon~~/ nailon
inflación/~~inflacción~~
~~ingerencia~~/injerencia
~~con tal de que~~/ con tal que
~~contusionar~~/contundir
contra reloj/~~contrarreloj~~
~~corporizar~~/corporificar
frustrar/~~fustrar~~
~~riesgoso~~/arriesgado
cónyuge/~~cónyugue~~
~~humidificar~~/humedecer
~~imbatible~~/invencible
~~inflingir~~/infligir
preliminar/~~liminar~~
~~maledicente~~/maldiciente
provisional/~~provisorio~~
~~pseudónimo~~/seudónimo
~~fuertísimo~~/fortísimo
~~similaridad~~/similitud
~~implementar~~/equipar
~~tiernísimo~~/ternísimo

⊙ EXPRESIONES

prensa del corazón: tipo de publicaciones que se ocupa de los asuntos sentimentales de los personajes famosos.
de media edad para arriba: mayor de treinta años.

133

morros prominentes: labios abultados.

patas de gallo: arrugas divergentes que se forman en el ángulo externo del ojo.

echar el bofe: trabajar excesivamente.

potingue: *fam.* bebida de la farmacia; también, cosméticos.

de todos es sabido: todos saben.

desde luego: por supuesto.

🌳 ETIMOLOGÍAS

- *lazarillo*: guía de un ciego (*Lazarillo de Tormes*).
- *quijotesco*: idealista ridículo (*Don Quijote de la Mancha*, de Cervantes).
- *celestina*: alcahueta (*La Celestina*, de Fernando de Rojas).
- *tenorio, donjuán, donjuanesco*: aficionado a galanteos amorosos*(Don Juan Tenorio*, de José Zorrilla).
- *kafkiano*: absurdo, incomprensible (Franz Kafka).
- *dantesco*: trágico, terrible (*Divina Comedia*, de Dante).
- *pantagruélico*: dícese de la comida con gran cantidad de manjares (*Gargantúa y Pantagruel*, de F. Rabelais)
- *guillotina*: de Guillotin, apellido del médico francés que la inventó.
- *anfitrión*: el que tiene invitados a comer; personaje mítico famoso por sus magníficos banquetes.
- *hermetisno*: calidad de secreto, oculto, incomprensible; de Hermes Trismegisto, a quien los alquimistas atribuían la invención de ciencias y obras secretas donde se explican los misterios de la vida.
- *goliardo*: estudiante medieval que llevaba vida inmoral; de Goliat, gigante como representación del mal. En la Edad Media se llamaba así a clérigos, monjes y trashumantes que escribían poesía amorosa o satírica de carácter licencioso; 'gente del demonio'.
- *morfina*: producto que se extrae del opio y se emplea como narcótico y anestésico; de Morfeo, dios del sueño.
- *afrodisíaco*: de Afrodita, diosa del amor.
- *pánfilo*: del latín *Pamphilus*, y éste del griego, 'bondadoso'. Hoy se aplica a la persona lenta y de pocas luces.
- *espada de Damocles*: Damocles, cortesano y adulador de la magnificencia del tirano Dionisio de Siracusa (IV a.C.), en cierta ocasión fue invitado por éste a un suntuoso convite. En determinado

momento vio horrorizado que una espada desnuda pendía sobre su cabeza atada con una crin de caballo y decidió irse, no sin antes enterarse de que con este acto Dionisio había querido demostrarle que la existencia del tirano no era tan dichosa como él creía. Actualmente la expresión se usa para aludir a un peligro que nos amenaza de modo inminente.

- *rocambolesco*: se refiere a lo inverosímil y exagerado, y tiene su origen en el protagonista de novelas por entregas Rocambole, personaje creado por Ponson du Terrail.
- *salomónico*: justo pero doloroso; alusivo al célebre episodio bíblico del juicio de Salomón.

✪ GERUNDIOS, PARTICIPIOS Y PERÍFRASIS:
- ⊃ *fijándome mucho; haciendo un esfuerzo; pensando*: gerundio, modal.
- ⊃ *me escribió contándome*: gerundio, simultaneidad.
- ⊃ *cuerpos maltratados, recosidos, deteriorados*: participios con valor de adjetivos.
- ⊃ *habría que empezar a reaccionar, empezamos a verlas*: *empezar a* + INFINITIVO, comienzo de acción.
- ⊃ *van tallando; van cambiando*: *ir* + GERUNDIO, acción progresiva.
- ⊃ *volver a existir*: *volver a* + INFINITIVO, reiteración.
- ⊃ *está cambiando*: *estar* + GERUNDIO, acción en su desarrollo.

✪ *las mujeres* le *llegan*: dativo de dirección.

✆ ✆ ⬤**LITERATURA** ✆ ✆ ✆ ✆ ✆ ✆ ✆ ✆ ✆✆✆ ✆ ✆ ✆ ✆ ✆ ✆ ✆ ✆ ✆

CONSTRUCCIONES DE INFINITIVO Y PARTICIPIO:
volvió a echarse, volvió a ver: *volver a* + INFINITIVO, reiteración.
tuvo que saltar: *tener que* + INFINITIVO, obligación.
quedó encantado: *quedar* + PARTICIPIO, resultado.
dio su maizal por perdido: *dar por* + PARTICIPIO, considerar una acción terminada.
para salvarlo: *para* + INFINITIVO, valor final.
estaba perdido: *estar* + PARTICIPIO, resultado.
se vio forzado: *verse* + PARTICIPIO, situación límite.

135

🐾 GERUNDIOS:
- *chillaban*, restregándolo *a dos patas*: simultaneidad.
- *ir,* llevando *al mismo tiempo a su perro*: simultaneidad.
- *las últimas aventuras,* colocando *al fox -terrier en su verdadero teatro de caza, habían levantado muy alta la estima*: modo; se puede sustituir por una frase de relativo, 'que colocaban...'.
- *oyó las explosiones de los pajonales* ardiendo *con la sequía*: modo, 'que estaban ardiendo'.
- *las vacas, que* soportando *la nube de tábanos, empujaban, avanzando*: modo, 'que soportaban', 'que avanzaban'.
- *ver el sol* cayendo *asfixiado*: modo, 'que caía'.
- siendo *ya tarde para llegar*: construcción absoluta, entre pausas; simultaneidad.

🐾 *Media hora después entraban en San Ignacio*: aquí el pretérito imperfecto acerca la acción, que es expresada con más subjetividad que si se usara el pretérito indefinido.

🐾 SUSTITUCIÓN:

instantáneamente	➤	inmediatamente
miseria	➤	pobreza
surgieron	➤	aparecieron
se borró	➤	desapareció
brusca	➤	repentina
hocico	➤	morro
estima	➤	aprecio
se aventuraron	➤	se atrevieron

GASTRONOMÍA

☛ *(c) Quien llamó al olivo "sangre de la tierra" fue Federico García Lorca*
☛ *(b) Las ramas verdes del olivo simbolizan la paz.*
☛ *(b) El origen mítico del aceite de oliva se remonta a Ariastes*
☛ *(c) Las propiedades curativas y purificadoras del aceite son reconocidas por Hipócrates, Plinio y la Biblia.*

C^l_aves

Situaciones

❶ VERBOS DE USO PREPOSICIONAL
bastar con
transformarse en
acabar con
atreverse a, disfrutar con

② DE

Como era viernes la discoteca estaba *de bote en bote* (llena de gente).

Hacía un sol espléndido y *de buenas a primeras* (de pronto, inesperadamente) se puso a llover.

Nos hemos estudiado el temario *de cabo a rabo* (entero, completo).

Estamos todos *de capa caída* (tristes, decaídos) porque mañana se nos acaban las vacaciones.

Iremos a un hotel *de categoría* (importante).

Hoy hemos comido *de gorra* (sin pagar, generalmente con abuso). Hemos dejado que pagara Luis.

No creo que las cosas se resuelvan. Van *de mal en peor* (cada vez peor).

Es un antro *de mala muerte* (pobre y sin valor; en Méx. *chafa*). No pienso entrar.

Le gusta ir a los lugares *de moda* (los más frecuentados, considerados más modernos).

No voy a aceptar eso *de ninguna manera* (en absoluto, para nada).

Es una radio *de pacotilla* (de poca calidad). No me ha durado ni un mes.

Se armó un escándalo *de padre y muy señor mío* (tremendo, impresionante).

Los domingos siempre sale *de punta en blanco* (muy elegante).

Es una pensión *de tres al cuarto* (de poca categoría). Mejor que vayas a otra.

Cuando me lo dijeron me quedé *de una pieza* (estupefacto).

A

Le contaron lo ocurrido *a bocajarro* (muy bruscamente) y se desmayó de la impresión.

Estoy orgulloso de que me hayas defendido *a capa y espada* (con coraje y vehemencia).

No me gusta elegir *a ciegas* (sin previo conocimiento del asunto). Prefiero informarme primero.

La policía aún no sabe *a ciencia cierta* (con certidumbre) lo que ocurrió.

Se dedicaron a dar puñetazos *a diestro y siniestro* (sin dirección determinada).

A duras penas (difícilmente) podía escucharla. Estaba completamente afónica.

Sacaron al camorrista del local *a empellones* (a empujones).

No es una invitación; pagaremos la cena *a escote* (cada uno lo suyo).

Toda la confabulación se organizó *a espaldas de*l jefe (sin contar con él).

Salió *a hurtadillas* (ocultamente) para que nadie la viera.

Se ha comido todas las galletas *a la chita callando* (sin decir nada, disimuladamente), y luego dice que hace régimen.

El examen nos salió *a las mil maravillas* (estupendamente).

La fiesta terminó *a las tantas* (tardísimo).

Ayer fuimos a un espectáculo cómico y nos reímos *a más no poder* (al máximo, exageradamente).

No sé las medidas exactas pero lo calcularé *a ojo de buen cubero* (de modo aproximado, sin medir apropiadamente).

Le dispararon *a quemarropa* (desde muy cerca) y murió de inmediato.

Cumpliremos tus indicaciones *a rajatabla* (con exactitud y rigor) .

Hace todo *a salto de mata* (sin método) y sin fundamento.

Me gustaría que nos dejarais *a solas* (solos). Tenemos que hablar de asuntos personales.

Tardamos muy poco. Fuimos *a tiro hecho* (directamente, con un claro propósito) a la sección que nos interesaba y a los cinco minutos ya estábamos fuera.

Eso te pasa por hablar *a tontas y a locas* (sin pensar). Por la boca muere el pez.

Ha ido terminando la carrera a trancas y barrancas (sin rigor y con interrupciones).

❸ *Para una vez* que me decido a visitarte no te encuentro en casa.

Me contaron un chiste que me hizo reír *a rienda suelta* durante un buen rato.

Esos documentos son demasiado valiosos *como para* que los dejes tirados por ahí.

Cuando llegué al andén el tren ya salía y lo cogí *por los pelos*.

Había tanta gente que tuvimos que salir *a codazos*.

➲ **12.1.**

1. por, para, a; 2. por, en/ desde; 3. en; 4. en/ en/por, al ; 5. de; 6. por/ en, por; 7. hacia, sobre; 8. a; 9. desde; 10. en; 11. por, en /en; 12. por, a la / desde; 13. de/a;14. hasta/ por/por; 15. a.

16. (Correcta).

17. Cruza la calle cuando llegues a la segunda esquina. Encontrarás la boca de metro *a* la derecha.

18. *Durante* los primeros minutos que siguieron al accidente no podía recordar nada.

19. (Correcta).

20. Estamos *a* domingo así que no podremos comprar esos encargos hasta mañana.

21. Iremos para la playa *por* la mañana (nota: en América son usuales la forma *en la mañana, en la tarde, en la noche*).
22. Estuvo arreglando el motor *durante* dos horas.
23. Hallaron un barco hundido en el fondo del mar, *a* diez kilómetros de la costa.
24. *Desde* la terraza no se puede ver el parque.
25. *Por* esta zona no suele haber tráfico.
26. (Correcta).
27. He estado de vacaciones *durante* tres semanas.
28. (Correcta).
29. Vino a las diez y *a* los cinco minutos se marchó.
30. (Correcta).

✏ 12.2.

1. para; 2. por; 3. por; 4. por; 5. por; 6. por; 7. para; 8. para/por; 9. para; 10. para; 11. por; 12. para; 13. por; 14. por; 15. por; 16. por; 17. para; 18. por; 19. por; 20. por; 21. para; 22. para; 23. para; 24. para; 25. para; 26. por/por/para; 27. por; 28. para; 29. por; 30. por.

✏ 12.3.

1. a; 2. con/de; 3. en/a; 4. en/a; 5. de; 6. a; 7. para, al/ para, a, de ; 8. en; 9. de; 10. a/ a; 11. en; 12. a; 13. a; 14. con; 15. a; 16. de; 17. a; 18. a/de; 19. a/de; 20. con/para; 21 a/de; 22. a; 23. de/de/para/en; 24. de; 25. al; 26. a; 27. de; 28. de; 29. en; 30. de; 31. de; 32. de; 33. a; 34. a/de; 35. a; 36. al; 37. a/a; 38. a/por; 39. a; 40. al/para; 41. a; 42. de; 43. de; 44. de; 45. de; 46. de; 47. de; 48. de; 49. de; 50. del; 51. en/sobre; 52. en/a; 53. en/para; 54. con; 55. con; 56. de; 57. con; 58. con; 59. con/al; 60. de.

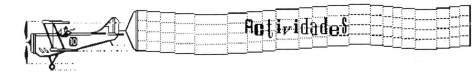

1. PREPOSICIONES

PROPIEDADES DE UN SILLÓN

En casa **de** Jacinto hay un sillón **para** morirse. Cuando la gente se pone vieja, un día la invitan **a** sentarse en el sillón que es un sillón como todos pero **con** una estrellita plateada en el centro del respaldo. La persona invitada suspira, mueve un poco las manos como si quisiera alejar la invitación, y después va **a** sentarse en el sillón y se muere.

Los chicos, siempre traviesos, se divierten **en** engañar a las visitas **en** ausencia **de** la madre, y las invitan **a** sentarse **en** el sillón. Como las visitas están enteradas pero saben que **de** eso no se debe hablar, miran a los chicos con gran profusión y se excusan **con** palabras que nunca se emplean cuando se habla **con** los chicos, cosa que **a** éstos los regocija extraordinariamente. Al final las visitas se valen **de** cualquier pretexto **para** no sentarse, pero más tarde la madre se da cuenta **de** lo sucedido y **a** la hora de acostarse hay palizas terribles. No **por** eso escarmientan, **de** cuando **en** cuando consiguen engañar **a** alguna visita cándida y la hacen sentar **en** el sillón. **En** esos casos los padres disimulan, pues temen que los vecinos lleguen **a** enterarse **de** las propiedades del sillón y vengan **a** pedirlo prestado **para** hacer sentar **a** una u otra persona **de** su familia o amistad. Entre tanto los chicos van creciendo y llega un día **en** que sin saber por qué dejan **de** interesarse **por** el sillón y las visitas. Más bien evitan entrar **en** la sala, hacen un rodeo **por** el patio, y los padres que ya están muy viejos cierran **con** llave la puerta de la sala y miran atentamente **a** sus hijos como queriendo leer-en-su-pensamiento. Los hijos desvían la mirada y dicen que ya es hora **de** comer o **de** acostarse. **Por** las mañanas el padre se levanta el primero y va siempre **a** mirar si la puerta **de** la sala sigue cerrada **con** llave, o si alguno **de** los hijos no ha abierto la puerta **para** que se vea el sillón desde el comedor, porque la estrellita **de** plata brilla hasta **en** la oscuridad y se la ve perfectamente desde cualquier parte del comedor.

Julio Cortázar

MENDIGO

Suelo darle mi ropa vieja **a** un mendigo que lee **a** James Joyce. Viene **a** casa algunos domingos **por** la mañana. Nunca traspasa la puerta. Bajo el dintel hablamos **de** algunas verdades insustanciales mientras rebusco unas monedas **en** los bolsillos, y después **de** aceptar esta limosna preceptiva él se aleja, y entonces descubro que **a** veces lleva una chaqueta raída que le sienta muy bien. Siempre he deseado ser tan elegante como este mendigo. También acostumbra **a** ponerse aquellos pantalones **de** franela gris y los últimos zapatos

141

que deseché. **Por** fuera alguien podría creer que soy yo mismo, pero el mendigo tiene un esqueleto **de** mejor calidad, y mi ropa ajada, que se paseó inútilmente **por** los salones, ahora cuelga con toda su armonía **del** cuerpo magro **de** este hombre, y el paño libera todas las vibraciones que estaban ahogadas. El mendigo trabaja **de** forma regular **en** la puerta de una iglesia **de** un barrio burgués, y a veces le he visto sentado **en** la escalinata leyendo el *Ulises*. El otro día, **en** la puerta del templo, no sólo llevaba mi corbata **de** seda pasada de moda y un traje de Versace que yo usaba cuando era un tipo esbelto, sino aquel abrigo marrón que compré **en** Londres hace ya tantos años. **Por** ese tiempo, yo también leía a James Joyce, y la talla del mendigo era exactamente la mía. Ahora él estaba absorto **en** la lectura esperando que salieran los fieles **de** la iglesia **para** tenderles la mano. Me limité **a** contemplarlo **desde** la acera y **de** pronto recordé algunas sensaciones del pasado que no se podían separar **de** sus prendas raídas. Aquel bolsillo destrozado me recordaba un viaje **a** Italia lleno de amor; el cuello rozado me traía el perfume de unos días lánguidos **sin** historia; algunos sueños y todas las frustraciones aparecían **en** cada uno de los desgarros, pero debajo de aquellos paños ajados había una carne llena **de** heridas, y **a** través **de** ellas penetré **en** el interior del mendigo **hasta** reconocerme. Él levantó los ojos **de** las páginas del *Ulises* y mantuvo largo tiempo la mirada conmigo sonriendo.

Manuel Vicent

2. ERRORES
- de cara a → para
- les une → los une
- que salga → que salgan
- fines de semanas → fines de semana
- a estrenar → sin estrenar, que se van a estrenar

3. GAZAPO
❏ En el español de Chile se distingue perfectamente *l* y *r*.

GENERACION X

❁ PREPOSICIONES

Los mandamases de la mercadotecnia multinacional han descubierto un rico filón semiolvidado que se muestra, de pronto, como un fértil campo de cosecha: los jóvenes entre los 20 y los 30 años. Tras buscar la etiqueta apropiada decidieron, finalmente, calificar el fenómeno como *Generación X*, nombre tomado de la novela homónima de Douglas Coupland, **para** diseñar un anzuelo mercantil efectivo **para** atraer a ese sector comercial que tan sólo **para** la industria cinematográfica representa un público potencial estimado en 125 billones de dólares. **Por** eso no es de extrañar que los primeros en darse cuenta de tan atractivo coto hayan sido la industria cinematográfica de Hollywood y la televisión. Miraron sus números y vieron que el mercado *yuppie* (representado principalmente **por** los jóvenes profesionales entre los 30 y los 40 años) estaba saturado de viandas y que ya no les quedaba espacio **para** llevarse nada más al estómago. En cambio, los *veintitantoañeros* tenían el apetito poco saciado **por** la poca atención que les habían prestado. Tenían que hablar su propio idioma y buscar reclamos con los que se sintieran identificados.

Los señores entre 40 y 50 años, si tuvieran un himno que identificara a su generación sería *No siempre se puede conseguir lo que se quiere*, de los Rolling Stones. En cambio, la sintonía que identificaría a los de la generación X sería: *¿Puedes con ello?*, del *rapper* Yo Yo, de 22 años. Los niños de posguerra cumplieron su mayoría de edad en los años sesenta, conformando la apoteosis de la cultura juvenil, con fuertes señas de identidad comunes: el *rock and roll*, la moda, la cultura pop, la rebeldía contra una sociedad que nunca los había tenido en cuenta.

Muy al contrario de esta generación llena de idealismo y de una fuerza nueva que los hacía sentir *especiales* y que en mayor o menor medida podían cambiar el mundo, la X cae de bruces en la desconfianza en el futuro. Es, cualitativamente hablando, la generación de los descreídos. El relativismo, la ausencia de proyectos políticos y sociales alternativos los ha transformado en supervivientes del presente y en cínicos observa-

143

dores de un futuro sometido a vertiginosos cambios económicos, políticos y sociales.

La *Generación X* es la que más gasta en ver películas (en cine, compradas o alquiladas), la que más tarde apaga el televisor, la que más asiste a conciertos, la que más importancia da a la imagen y la estética en todos los ámbitos (vestimenta, diseño gráfico, publicidad, decoración, tanto tradicional como alternativa), y la que menos libros lee (sustituyéndolos por revistas).

El creciente índice de desempleo ha hecho, **por** otro lado, crecer el número de los integrantes de la *Generación X*, amparados en la economía sumergida y en los contratos temporales, que han influido en que aumente su tiempo de ocio.

Bombardeados **por** el *videoclip* y **por** la asequibilidad de aparatos que graban, crean, transmiten, recrean, modifican y retienen las imágenes, la *Generación X* se ha convertido en una hambrienta esponja que las absorbe, dejando de lado el imperio de la palabra oral y escrita que no vaya acompañada **por** su correspondiente soporte gráfico. De ahí que la *Generación X* sea una ávida consumidora de tebeos (*comics*) y panfletos (*fanzines*), que contienen a rebosar guisos de fácil digestión y evacuación, creando todo un subgénero literario que hace las delicias del sector.

Entre los temas reyes de la literatura *trash* (basura, chatarra) está la ciencia ficción, recuperada de los años cincuenta, con ingentes dosis de violencia estilizada, seña inconfundible de la cultura pop, el humor escatológico, la fantasía sexual, la serie negra nostálgica **por** las historias criminales y detectivescas de los años cuarenta, y muy especialmente los apartados que se han erigido como el laxante antiborreguismo cultural más adorado **por** esta generación: la *morcillería* y *casquería* (*gore* y *splatter*, respectivamente), todo un género cinematográfico mimadísimo **por** la serie B.

Cualquier miembro actualizado y *enterado* de la camada X que se precie de serlo ha creado un sistema de defensas que lo hace inmune a ver escenas de *zombies*, descuartizamientos, canibalismo, necrofilia, vudú y demás *delicatessen*, sin que se le atraganten las palomitas y la Coca-Cola. Todo lo contrario, es un motivo de fiesta con los amigos **para** festejar con carcajadas las escenas previamente *congela-*

das en el vídeo.

¿Son **por** esto unos desalmados?, ¿peligros sociales de mente enfermiza? No, tan sólo son conscientes de lo que separa a la realidad de la fantasía. Y que se sumergen en una película **para** liberar los reprimidos instintos de violencia, rebeldía y condicionamiento social que los han costreñido a un ideal de belleza, éxito, poder y brillo social -el de los *yuppies*-que no pueden o o quieren conseguir.

El País (Babelia)

✪ RESUMEN

Los miembros de la llamada *Generación X* son jóvenes entre 20 y 30 años, opuestos a los gustos del *yuppy*. Son descreídos, no tienen fe en el futuro ni proyectos idealistas, viven el aquí y el ahora, carecen de proyectos políticos y sociales alternativos, son los que más gastan en imagen y sonido y los que menos libros leen, sustituyéndolos por revistas. Los temas literarios que prefieren son los policíacos y escatológicos, y también la ciencia ficción.

✪ FORMACIÓN DE PALABRAS
- semicírculo, semidiós, semidormido.
- posponer, posdata, posromántico.
- superrealismo, supersónico, superproducción.
- condolerse, concatenar, confederarse.
- descomponer,desorientar, descifrar.
- reformar, reconducir, retornar.
- anticonstitucional, antihigiénico, antiimperialista.
- subterráneo, subtítulo, subarrendar.

✪ EXPRESIONES

un fértil campo de cosecha: referencia a la rentabilidad económica de invertir en este grupo social.

un anzuelo mercantil: un medio para captar su dinero.

mercado saturado de viandas: mercado saturado de productos apetecibles.

caer de bruces en la desconfianza: chocar frontalmente con la desconfianza.

guisos de fácil digestión y evacuación: literatura de mala calidad, de fácil consumo y de usar y tirar.

temas reyes de la literatura 'trash': temas fundamentales de la literatura de mala calidad.

serie negra: policíaca.

serie B: segunda categoría.

145

...necrofilia, vudú y demás 'delicatessen': ironía, por lo desagradable de esos temas; se los compara con comidas exquisitas.
escenas 'congeladas' en el vídeo: imágenes detenidas.

✪ VERBOS PREPOSICIONALES

Hemos tomado algunas ideas de tu informe.
Estamos saturados de cine de mala calidad.
No me identifico con esos personajes.
No dejes que puedan contigo.
Se lo gasta todo en copas.
Los inmigrantes se ampararon en el derecho de asilo.
Deja que todos influyan en sus decisiones; tiene poca personalidad.
Con el tiempo se ha convertido en un conservador.
Se precian de ser los mejores panaderos de la ciudad.
Los buzos se sumergieron en el pantano para buscar el coche hundido.

🖙 🖙 **LITERATURA** 🖙 🖙 🖙 🖙 🖙 🖙 🖙 🖙 🖙🖙🖙 🖙 🖙 🖙 🖙 🖙 🖙 🖙 🖙

🖙 PREPOSICIONES

La cortesía no es mi fuerte. En los autobuses suelo disimular esta carencia **con** la lectura o el abatimiento. Pero hoy me levanté **de** mi asiento automáticamente, ante una mujer que estaba de pie, con un vago aspecto de ángel anunciador.

La dama beneficiada **por** ese rasgo involuntario lo agradeció con palabras tan efusivas, que atrajeron la atención de dos o tres pasajeros. Poco después se desocupó el asiento inmediato, y al ofrecérmelo **con** leve y significativo ademán, el ángel tuvo un hermoso gesto de alivio. Me senté allí con la esperanza de que viajaríamos **sin** desazón alguna. Pero ese día me estaba destinado, misteriosamente. Subió al autobús otra mujer, sin alas aparentes. Una buena ocasión se presentaba para poner las cosas en su sitio; pero no fue aprovechada **por** mí. Naturalmente, yo podía permanecer sentado, destruyendo así el germen de una falsa reputación. Sin embargo, débil y sintiéndome ya comprometido con mi compañera, me apresuré a levantarme, ofreciendo con reverencia el asiento a la recién llegada. Tal parece que nadie le había hecho en toda su vida un homenaje parecido: llevó las cosas al extremo con sus turbadas palabras de reconocimiento.

Esta vez no fueron ya dos ni tres las personas que aprobaron sonrientes mi cortesía. **Por** lo menos la mitad del pasaje puso los ojos **en** mí, como diciendo: "He aquí un caballero". Tuve la idea de abandonar el vehículo, pero la deseché inmediatamente, sometiéndome **con** honradez a la situación, alimentando la esperanza de que las cosas se detuvieran allí.

Dos calles adelante bajó un pasajero. **Desde** el otro extremo del autobús, una señora me designó **para** ocupar el asiento vacío. Lo hizo sólo con una mirada, pero tan imperiosa, que detuvo el ademán de un individuo que se me adelantaba; y tan suave, que yo atravesé el camino **con** paso vacilante **para** ocupar en aquel asiento un sitio **de** honor. Algunos pasajeros masculinos que iban **de** pie sonrieron con desprecio. Yo adiviné su envidia, sus celos, su resentimiento, y me sentí un poco angustiado. Las señoras, **en** cambio, parecían protegerme con su efusiva aprobación silenciosa.

Una nueva prueba, mucho más importante que las anteriores, me aguardaba **en** la esquina siguiente: subió al camión una señora con dos niños pequeños. Un angelito **en** brazos y otro que apenas caminaba. Obedeciendo la orden unánime, me levanté inmediatamente y fui al encuentro de aquel grupo conmovedor. La señora venía complicada con dos o tres paquetes; tuvo que correr media cuadra **por** lo menos, y no lograba abrir su gran bolso **de** mano. La ayudé eficazmente **en** todo lo posible, la desembaracé **de** nenes y envoltorios, gestioné **con** el chófer la exención de pago **para** los niños, y la señora quedó instalada finalmente **en** mi asiento, que la custodia femenina había conservado libre **de** intrusos. Guardé la manita del niño mayor **entre** las mías.

Mis compromisos **para** con el pasaje habían aumentado de manera decisiva. Todos esperaban **de** mí cualquier cosa. Yo personificaba en aquellos momentos los ideales femeninos de caballerosidad y de protección **a** los débiles. La responsabilidad oprimía mi cuerpo como una coraza agobiante, y yo echaba de menos una buena tizona en el costado. Porque no dejaban **de** ocurrírseme cosas graves. Por ejemplo, si un pasajero se propasaba **con** alguna dama, cosa nada rara en los autobuses, yo debía amonestar al agresor y aun entrar **en** combate con él. En todo caso, las señoras parecían comple-

147

tamente seguras **de** mis reacciones de Bayardo. Me sentí al borde del drama.

En esto llegamos a la esquina **en** que debía bajarme. Divisé mi casa como una tierra prometida. Pero no descendí. Incapaz de moverme, la arrancada del autobús me dio una idea de lo que debe ser una aventura trasatlántica. Pude recobrarme rápidamente; yo no podía desertar así como así, defraudando a las que **en** mí habían depositado su seguridad, confiándome un puesto de mando. Además, debo confesar que me sentí cohibido **ante** la idea de que mi descenso pusiera **en** libertad impulsos **hasta** entonces contenidos. Si **por** un lado yo tenía asegurada la mayoría femenina, no estaba muy tranquilo acerca de mi reputación **entre** los hombres. Al bajarme, bien podría estallar **a** mis espaldas la ovación o la rechifla. Y no quise correr tal riesgo. ¿Y si aprovechando mi ausencia un resentido daba rienda suelta a su bajeza? Decidí quedarme y bajar el último, **en** la terminal, hasta que todos estuvieran **a** salvo.

Las señoras fueron bajando una a una en sus esquinas respectivas, con toda felicidad. El chófer ¡santo Dios! acercaba el vehículo junto a la ácera, lo detenía completamente y esperaba a que las damas pusieran sus dos pies **en** tierra firme. **En** el último momento, vi en cada rostro un gesto **de** simpatía, algo así como el esbozo de una despedida cariñosa. La señora **de** los niños bajó finalmente, auxiliada **por** mí, no **sin** regalarme un par de besos infantiles que todavía gravitan **en** mi corazón, como un remordimiento.

Descendí en una esquina desolada, casi montaraz, **sin** pompa ni ceremonia. En mi espíritu había grandes reservas de heroísmo sin empleo, mientras el autobús se alejaba vacío de aquella asamblea dispersa y fortuita que consagró mi reputación **de** caballero.

Juan José Arreola, *Una reputación*

☙ LÉXICO

Tizona: espada del Cid.

Bayardo: referido a Pierre Terrail, señor de Bayard (siglos XV-XVI), que trabajó al servicio del rey de Francia Carlos VIII y fue famoso por su honradez y valor.

⁊ EXPRESIONES

VALORES

Poner como chupa de dómine: insultar, criticar con saña.
Poner a alguien por las nubes: elogiar entusiásticamente a alguien.
Poner algo en tela de juicio: cuestionar algo, plantear dudas sobre algo en lo que no se cree.
Poner el cascabel al gato: ser el que consigue algo difícil o arriesgado.
Poner el dedo en la llaga: afectar a alguien en relación con aquello que más daño le causa.
Poner el grito en el cielo: mostrar una profunda ira.
Poner las cartas boca arriba: poner al descubierto lo que estaba oculto.
Poner los puntos sobre las íes: aclarar un asunto, puntualizar.
Poner pies en polvorosa: huir precipitadamente.
Poner toda la carne en el asador: arriesgarlo todo para conseguir un propósito determinado.

USOS

1. Al ver a la policía *pusieron pies en polvorosa*.
2. Son muy cotillas. En cuanto te das la vuelta te *ponen como chupa de dómine*.
3. Esta es mi última oportunidad así que voy a *poner toda la carne en el asador*.
4. Creo que han cometido una injusticia, así que cuando los vea les voy a *poner los puntos sobre las íes*.
5. Es muy despabilado. Siempre se las arregla para ser él quien le *pone el cascabel al gato*.
6. No sabía lo de su divorcio y le preguntó por su mujer, así que *puso el dedo en la llaga* y pasó un apuro tremendo.
7. La oposición *ha puesto en tela de juicio* la constitucionalidad de esa ley.
8. Debe de ser un profesional muy valioso. Todos sus colegas *lo ponen* siempre *por las nubes*.
9. Hay que ser franco y *poner las cartas boca arriba*. Lo contrario es juego sucio.
10. Los vecinos *pusieron el grito en el cielo* al enterarse de que iban a transformar el parque en un aparcamiento.

149

BUROCRACIA

- ☞ *(b) El protagonista es tratado de modo descortés.*
- ☞ *(a) Para renovar el carné le piden 2.000 pesetas.*
- ☞ *(c) Según el resultado final del test, el protagonista no se anticipa.*
- ☞ *(a) Llama* tríptico medieval *al carné de conducir.*

PUBLICACIONES DE
LENGUA Y LITERATURA ESPAÑOLAS DE EDINUMEN

COLECCIÓN ESPAÑOL PRÁCTICO

• ORTOGRAFÍA : DEL USO A LA NORMA. Método práctico con autocorrección,
Eugenio Cascón Martín - 232 Págs. - 15 x 21 cm.

• MANUAL PRÁCTICO DE PUNTUACIÓN . Con ejercicios y solucionario.
José Antonio Benito Lobo - 192 Págs.- 15 x 21 cm.

• SINTAXIS : TEORÍA Y PRÁCTICA.
Eugenio Cascón Martín - 232 Pág.- 15x21 cm.

COLECCIÓN INICIACIÓN UNIVERSITARIA

• EXPLICACIÓN LINGÜÍSTICA DE TEXTOS.
José Luis Girón Alconchel- 240 Págs. - 15 x 21 cm.

• LITERATURA ESPAÑOLA CONTEMPORÁNEA .COMENTARIO DE TEXTOS .
Alberto Otón y Elías Serra - 300 Págs.-15 x 21 cm.

COLECCIÓN ACCESO A LA UNIVERSIDAD

• ANÁLISIS LINGÜÍSTICO DE TEXTOS.
Eugenio Cascón Martín - 224 Págs. - 15 x21 cm.

• EL COMENTARIO DE TEXTOS .
Martín Fernández Vizoso - 208 Págs.- 15x21 cm.

COLECCIÓN UNIVERSIDAD

• LA PUNTUACIÓN : USOS Y FUNCIONES.
José Antonio Benito Lobo - 224 Págs.-15x 21 cm.

COLECCIÓN ESPAÑOL PRÁCTICO

• ESPAÑOL COLOQUIAL . Rasgos , formas y fraseología de la lengua diaria.
Eugenio Cascón Martín - 192 Págs.- 15 x 21 cm.

COLECCIÓN ESPAÑOL PARA EXTRANJEROS

• MÉTODO DE ESPAÑOL PARA EXTRANJEROS. NIVEL INTERMEDIO.
Selena Millares y Aurora Centellas- 234 Págs.- 20 x 26 cm.

• LIBRO DE CLAVES DE LOS EJERCICIOS .

• CASETE CON TEXTOS.

• MÉTODO DE ESPAÑOL PARA EXTRANJEROS. NIVEL SUPERIOR.
Selena Millares - 302 Págs. -20 x 26 cm.

• LIBRO DE CLAVES DE LOS EJERCICIOS.

• ESPAÑA , AYER Y HOY. Apuntes de lengua y civilización españolas.
Victor Bellón y Eugenio Roncero - 164 Págs - 20x26 cm